Dr. Arthur Böhtlingk

Napoleon Bonaparte und der Rastatter Gesandtenmord

Dr. Arthur Böhtlingk

Napoleon Bonaparte und der Rastatter Gesandtenmord

ISBN/EAN: 9783337200749

Hergestellt in Europa, USA, Kanada, Australien, Japan

Cover: Foto ©ninafisch / pixelio.de

Weitere Bücher finden Sie auf **www.hansebooks.com**

NAPOLEON BONAPARTE

UND

DER RASTATTER GESANDTENMORD.

EIN WORT AN MEINE HERREN KRITIKER.

VON

DR. ARTHUR BÖHTLINGK,
A. O. PROFESSOR AN DER UNIVERSITÄT JENA.

LEIPZIG,
VERLAG VON DUNCKER & HUMBLOT.
1883.

Vorliegende Abhandlung ist als Nachwort zu meinem Buche: „Napoleon Bonaparte, seine Jugend und sein Emporkommen" — gedacht, dessen neuer Ausgabe sie angefügt worden ist. Indessen dürfte die Schrift ein selbständiges Interesse darbieten. Zum Mindesten wird sie Denjenigen willkommen sein, welche sich bereits im Besitze meines Werkes über Bonaparte befinden. Sie enthält insofern mehr, denn der Titel voraussetzen lässt, als ich die namhaftesten Kritiken, welche das Buch erfahren hat, in ihrem vollen Umfange berücksichtigt habe. Die Aufmerksamkeit und Opposition meiner Herren Gegner aber haben sich so überwiegend auf meine Darstellung des Rastatter Gesandtenmordes concentrirt, dass dieser immer mehr in den Vordergrund gerückt und in gewissem Sinne der Schlüsselpunkt der ganzen in Frage stehenden Position und jedenfalls der Brennpunkt der Debatte geworden ist. Ich habe diesen Anlass, meine bezüglichen Ansichten näher zu begründen und zu erläutern, um so bereitwilliger ergriffen, als ich trotz der verhältnissmässig grossen Ausführlichkeit meiner Darlegung der so viel umstrittenen Frage — eine Ausführlichkeit, welche der Oekonomie meines Buches wenig entsprach — offenbar zu kurz gewesen bin. Es handelt sich aber hier, wie gesagt, keineswegs nur um dieses eine Ereigniss, auch nicht einmal nur um Bonaparte und sein Emporkommen, ich habe es mir vielmehr angelegen sein lassen, so oft mir meine Herren Kritiker dazu Gelegenheit boten, zu den Grundfragen unserer

historischen Wissenschaft und Kunst möglichst klar und be
stimmt Stellung zu nehmen. Von diesem Gesichtspunkt
aus rechne ich es z. B. Herrn Schirren zum Verdienst an
dass er meine Gesammtanschauungs- und Darstellungsweise
in Betracht gezogen hat.

Ich habe es mit Personen zu thun; ich habe daher di
Abhandlung so eingetheilt, dass ich meine Herren Kritike
in chronologischer Ordnung aufeinander folgen lasse und mic
zunächst mit jedem einzeln auseinander setze. Ich meine
dass auf diese Weise zugleich für Uebersichtlichkeit und Ob
jektivität am besten gesorgt worden ist. Wer näher zusieh
wird sich überzeugen, dass auch dort, wo es sich anscheinen
um Persönlichkeiten handelt, ich immer die Sache fest in
Auge behalten habe, nur in dem Maasse als diese geförder
wird, kann eine Kritik und also auch eine Antikritik wisser
schaftlichen Werth für sich beanspruchen.

„Suum cuique."

Nachdem seit dem Erscheinen des zweiten und letzten Theils meines Werkes über zwei Jahre verstrichen sind und eine Reihe der namhaftesten Fachgenossen zur Beurtheilung desselben das Wort ergriffen haben, ohne dass ich ihnen bisher erwidert hätte, glaube ich es zugleich der Sache selbst und meinem Buche schuldig zu sein, meinen Herren Kritikern gegenüber Stellung zu nehmen.

In Deutschland ist der erste Band von maassgebender Seite so beifällig aufgenommen worden, dass ich es nur dankbar registriren kann. Namentlich fühle ich mich für die überaus freundliche Art, wie Herr von Sybel in seiner historischen Zeitschrift (1878 zweites Heft) und Herr B. Erdmannsdörffer in der Jenaer Literaturzeitung das Buch willkommen geheissen haben, zu Dank verpflichtet.

In Frankreich war, so sehr ich mich auch bestrebt habe, jeder nationalen Voreingenommenheit vorzubeugen, die Aufnahme, wie zu befürchten stand, eine weit lauere. In der Revue Critique vom 18. Jan. 1879 hat Herr Albert Sorel, der auf dem Gebiete der Geschichte des Revolutionszeitalters, wenigstens was die europäische Politik anbelangt, zur Zeit als die angesehenste Autorität in Frankreich dasteht, an dem Buche in eigenthümlicher Weise herumgemäkelt. Er räumt zwar ein, dass dasselbe eine sehr fühlbare Lücke ausfülle, indem Lanfrey in seiner Geschichte Napoleon's I. über die

Jugendgeschichte viel zu flüchtig hinweg gegangen sei; er giebt zu, dass ich viel Neues und zwar Wichtiges bringe; er findet die Partien, welche Korsika betreffen, also einen Haupttheil des Buches, vortrefflich; allein trotz alledem und alledem soll es doch nur ein verwässerter Lanfrey sein! Mein eifrigstes Bemühen ist darauf gerichtet gewesen, Bonaparte in seiner Eigenart als das Erzeugniss der korsischen Geschichte, als ihr höchstes Produkt gleichsam zu begreifen, seine Entwickelung und sein Emporkommen im engsten Zusammenhange mit dem Schicksal seiner Heimathinsel und der französischen Revolution, d. h. der Zeitgeschichte, klarzulegen. Mit besonderer Sorgfalt habe ich darauf geachtet, wie er die Hauptkrisen der Revolution übersteht und ausnutzt. Selbstverständlich musste ich dabei vielfach sehr Bekanntes, wenn auch von einem neuen Gesichtspunkte aus, wiederholen. Herr Sorel tadelt dieses; er meint, ich hätte mich ausschliesslicher auf die Person Bonaparte's beschränken müssen. Als wenn diese sich nicht eben aus der Geschichte seiner Zeit aufbaute! Der Abschnitt über die Studienzeit des jungen Helden scheint Herrn Sorel besonders angezogen zu haben: es ist der einzige, auf den er näher eingeht. Wie er mir im Hinblick auf denselben vorwerfen kann, Bonaparte's eigene Schriften zu wenig benutzt zu haben, verstehe ich nicht: sind es doch gerade diese, die dem bezüglichen Kapitel zum Inhalt dienen! Herr Sorel fasst sein Urtheil über das ganze Buch schliesslich dahin zusammen, dass ich die Aufgabe zwar richtig gestellt, aber nicht gelöst hätte; er hofft, dass sich bald ein F r a n z o s e finden werde, den Weg, den ich erst gebahnt hätte, wirklich zu gehen.

Dieser Franzose hat nicht lange auf sich warten lassen. Schon 1880 hat Herr Th. J u n g den ersten Theil seines dreibändigen Werkes über Bonaparte und seine Zeit (von 1769 bis 1799) veröffentlicht. Herr Jung kennt keine Vorgänger.

„Die Geschichte Bonaparte's", heisst es kurz und bündig in seiner Vorrede, „ist noch, nicht geschrieben worden." Sie konnte, wie er meint, nicht geschrieben werden, weil die Aktenstücke zu derselben noch fehlten; weder mein Buch, noch sonst irgend eins über Bonaparte, wird von Herrn Jung auch nur zitirt! In der That hat der Herr Obrist Jung das Glück gehabt, aus dem Kriegsministerium jene Akten über Bonaparte's Jugendgeschichte veröffentlichen zu können, die bisher bei Nasica, Coston und Libri nur unvollständig und unkritisch durcheinander gemengt zu finden waren. Ich könnte mit Hilfe seines Buches manche einzelne Thatsache in dem meinigen präzisiren, ergänzen, berichtigen, allein die Resultate, zu denen ich gelangt bin, werden in allem Wesentlichen durch das von ihm vervollständigte Material nur bestätigt. Was die Darstellung des Herrn Jung anbelangt, so verräth dieselbe zu sehr einen fanatischen Gegner und Verkleinerer Bonaparte's (das Buch ist Gambetta gewidmet!) und den militärischen Spezialisten, als dass dieselbe objektiv genannt werden könnte oder dem vielversprechenden Titel des Werkes genügte. Ein Urtheil, das ich an einem anderen Orte (in den Göttinger Gelehrten Anzeigen) zu begründen gedenke.

Der zweite Band hat einen weit schwereren Stand vor der Kritik gehabt. Die erste beachtenswerthe Anzeige desselben hat Herr Professor Schirren in der Deutschen Literaturzeitung (vom 4. Juni 1881) veröffentlicht. Leider ist dieselbe der ganzen Tonart und dem Inhalt nach so ausgefallen, dass es schwer hält, ihr den gebührenden Platz anzuweisen. Viel Selbständigkeit traut mir Herr Schirren nicht zu: das Thema hätte mir Barante gestellt, die Behandlungsweise

Lanfrey eingegeben; die Confrontirung Bonaparte's mit Carnot sei die „herkömmliche", diejenige mit Friedrich Caesar Laharpe „nur aus verirrter (sic!) Tradition verzeihlich". An neuen Quellen hätte ich wenig „beizuziehen" vermocht. Dass ich in das Archiv des Ministeriums des Auswärtigen in Paris nicht eingelassen werden würde, war „vorauszusehen". Auch dass Herr Hüffer kurze Zeit darauf Einlass erhalten würde? Ebenso war „vorauszusehen", dass im Nationalarchiv keine erhebliche Nachlese zu halten sein werde. Dass ich letzterem in Bezug auf die Affaire Bernadotte in Wien, auf die Finanzverwaltung in der Schweiz und in Italien nicht Unwesentliches verdanke, dass daselbst noch weit mehr Materialien liegen (u. A. die Protokolle des Direktoriums, die mir vorenthalten geblieben sind), hätte Herr Schirren schon aus meiner Vorrede ersehen können. Die von mir im Record Office zu London entdeckten, höchst werthvollen, Berichte royalistischer Agenten sind für Herrn Schirren schon deswegen von keinem Belang, weil sie mich in meiner Auffassung der Dinge angeblich nur bestärkt hätten. Dass ich auch dem Berliner Archiv eine reiche Ausbeute verdanke, verschweigt Herr Schirren; ebenso wenig erfährt der Leser seiner Anzeige von den schweizerischen Archiven, die mir zur Verfügung gestanden haben. Was Wunder, wenn solcherweise der Beweis für die Behauptung, dass ich nur wenig neues Material beizuziehen vermocht habe, wirklich erbracht scheint!

Um eine Probe meines (?) Styls zu geben, heisst es, dass ich Bonaparte zu ausschliesslich „auf's Korn" genommen habe. Wo ich diesen Ausdruck angewendet habe, soll mir Herr Schirren erst nachweisen! Hierauf folgt eine Blumenlese der auf den 8—900 Seiten meines Werkes zusammengesuchten Epitheta zu Ungunsten Bonaparte's. Die abgeschmackte Zusammenstellung gipfelt in „wahnsinnigen Conceptionen und Tigerkrallen". Statt einer solchen ebenso wohlfeilen als tendenziösen und übertreibenden Statistik, der sich leicht eine ergänzende Reihe von anerkennenden Eigenschaftswörtern gegenüber stellen liesse, hätte Herr Schirren, wenn er in dieser Beziehung zu tadeln fand, darthun sollen, dass irgend eines der von ihm aufgezählten Epitheta von mir am falschen Platze und mit Unrecht angewandt worden ist. Wie es sich mit den „wahnsinnigen Conceptionen und Tiger-. krallen" verhält, davon mag sich der geneigte Leser II, 272 und II, 257 meines Buches überzeugen.

Wenn wir Herrn Schirren glauben sollen, so hätte ich mir in Bezug auf Bonaparte „einen eigenen Kanon" gebildet.

„Napoleon mag in Italien, in Paris oder noch so weit hinten in Aegypten oder Syrien sitzen, geschieht irgendwo etwas Böses, das ihm zum Vortheil gereicht, und auf keinen sonst lässt sich mit Fingern zeigen, so ist er der Urheber gewesen." Als Belege für diese pikante Behauptung werden angeführt: die Affaire Bernadotte in Wien, der Rastatter Gesandtenmord und der Tod des General Hoche. Auf die beiden ersten Fälle werde ich noch ausführlich zurückkommen. Was den Tod des General Hoche anbelangt, so kann ich nur bitten, II, 174 ff. nachzuschlagen, wo ich mich bemühe, nachzuweisen, dass Hoche, trotz der von den Royalisten, den Republikanern und Bonaparte ausgesprengten Verdächtigungen, eines natürlichen Todes gestorben ist. Ich erkläre ausdrücklich, dass die Annahme, Bonaparte hätte seinen gefährlichsten Nebenbuhler gewaltsam beseitigt, nicht zulässig ist, ich drucke dieses Nicht sogar mit gesperrten Lettern und gebe in einer Note die entscheidenden Stellen des bisher unbeachtet gebliebenen Berichtes des General Debelle, in dessen Armen der junge Held gestorben ist, im Wortlaut, — und Herr Schirren bringt diesen Fall Hoche als Beleg für den von ihm entdeckten Kanon! —

Ich erwähne (II, 343) in einer Anmerkung, dass „Bonaparte und seine Lobredner, die Duroc, Thiers etc." die Hinschlachtung der 2000 Kapitulanten von Jaffa vergeblich durch die unwahre Behauptung zu rechtfertigen gesucht haben, dass die Unglücklichen der Besatzung von Elarysch angehört hätten. Herr Schirren schlägt bei Schlosser nach und findet, dass auch dieser einen Versuch macht, Bonaparte's Benehmen in diesem Falle zu entschuldigen. Nun muss zwar Herr Schirren einräumen, dass ich an dieser, der einzigen von ihm angeführten Stelle, „Schlosser nicht nenne und vermuthlich gar nicht an ihn gedacht habe", indess das hindert ihn keineswegs meine Darstellung dahin zu kennzeichnen, dass ich selbst den strengen Schlosser zu den „verächtlichen Lobrednern" Bonaparte's schlage. In Wahrheit verhält es sich folgendermaassen. Schlosser hatte in seiner Geschichte des 18. Jahrhunderts Bonaparte mit leidenschaftlicher Härte beurtheilt. Später fand er, wie er selbst erläutert, mehrfach Gelegenheit, Personen zu sprechen, die Napoleon sehr nahe gestanden hatten. Er war über die Achtung und Anhänglichkeit, die diese ihm noch nach seinem Tode bewahrten, überrascht. Namentlich übten die Unterredungen mit der Gräfin St. Leu, Napoleon's Stieftochter und Liebling Hortense, der Mutter Napoleons III., einen sehr mildernden Einfluss auf sein Urtheil aus. Er wollte daher versuchen, die Thaten Napoleon's I. einmal so viel als möglich von rein politischen Gesichtspunkten aus zu prüfen, ohne einen zu streng moralischen Maasstab anzulegen. Er meinte, es könne Angesichts der herrschenden Charakterlosigkeit Nichts schaden, den von seinen Gegnern über Gebühr geschmähten Heros zu vertheidigen. Und so veröffentlichte er 1832 seine Schrift: „Zur Beurtheilung Napoleon's und seiner neuesten Tadler und Lobredner." Die Schrift findet man im Archiv für Geschichte und Literatur von Schlosser und Bercht; S. 153 ff. bespricht

Schlosser die Niedermetzelung der 2000 Kapitulanten von Jaffa. In seiner radikalen Denkweise rechtfertigt er dieselbe unbedingt (nicht wie Duroc, Thiers etc., sondern auf eigene Art) indem er die Verantwortung für die Kapitulations-Bedingungen einfach auf die Adjutanten Bonaparte's abwälzt! Bonaparte allein habe sich auf der Höhe der Situation befunden, derselbe habe aus richtiger Einsicht und Humanität gehandelt, indem die Menschlichkeit gegen diese Türken zur Grausamkeit gegen sein eigenes Heer geworden wäre! Woher weiss Schlosser, dass Bonaparte die Bedingungen der Kapitulation nicht selbst diktirt hat, wie er es bei solchen Anlässen stets zu thun pflegte? Die Unthat erscheint um so ungeheuerlicher, als er selbst dem ihm gegenüberstehenden türkischen Oberbefehlshaber, noch am Tage der Niedermetzelung der Kapitulanten bis auf den letzten Mann, geschrieben hat: „Diejenigen Ihrer Truppen, die sich meiner Gnade anvertrauten, habe ich mit Grossmuth behandelt." Schlosser hat dieses Schreiben an Djezzar Pascha offenbar nicht gekannt oder wenigstens nicht gegenwärtig gehabt, sonst wäre sein Urtheil, trotz der vertheidigenden Tendenz seiner Schrift, unzweifelhaft anders ausgefallen. Ich für meine Person bezeichne Bonaparte's Verfahren als „eines Tamerlan würdig", und dessen Schreiben an Djezzar Pascha, als das Machwerk eines „Unverfrorenen". Bei Herrn Schirren prangt dieser „Tamerlan" natürlich in seiner erwähnten Blumenlese der von mir Bonaparte gegebenen Epitheta; dass der „Unverfrorene" bei mir zu lesen, gedruckt zu lesen steht, dünkt ihm schier unglaublich. Das Wort findet sich allerdings nicht bei Sanders im Lexikon, allein ist es deswegen ein ungebräuchliches? Wird es nicht von Jedermann verstanden? Kennt Herr Schirren für den vorliegenden Fall einen treffenderen Ausdruck? Ich wüsste, offen gestanden, weder einen besseren, noch einen — milderen.

Ob Herr Schirren den Ausführungen Schlosser's beistimmt oder nicht, erfahren wir leider nicht; aber selbst wenn er denselben beipflichten sollte, würde er dadurch berechtigt sein, zu behaupten, dass ich Schlosser, den ich gar nicht nenne, an den ich nicht einmal gedacht habe, zu den „verächtlichen Lobrednern" Bonaparte's werfe? Nicht nur zu den Lobrednern, wie ich Duroc und Thiers benannt habe, sondern zu den „verächtlichen" sogar! Bei consequenter Anwendung dieser Schirren'schen Rezensenten-Methode müsste ich mich selbst zu diesen „Verächtlichen" rechnen, indem ich mich bemüht habe, nachzuweisen, dass Hoche natürlichen Todes gestorben sei, und man Bonaparte daher nicht beschuldigen dürfe, den gefährlichen Nebenbuhler aus dem Wege geräumt zu haben; und ich zweitens Bonaparte u. A. darin Recht gebe, dass er den in Jaffa zurückgelassenen Pestkranken Opium reichen liess!

Was Herr Schirren an meinem Werke in so vernichtender Weise tadelt, sind nicht nur Einzelheiten, ihm widerstrebt die Gesammtanschauung im höchsten Maasse. Er findet, dass diese zu meiner anscheinend frischen Natur einen wunderlich greisenhaften Gegensatz bildet; meine Darstellung scheint ihm eher aus dem Jahre 1815 als 1880 zu stammen, mein Standpunkt sei derjenige des „Tugendbundes", oder „um noch weiter zurück in's historisch Bodenlose zu greifen, der Gesichtspunkt Laharpe's". „Indess", lenkt Herr Schirren, erschreckt über seine eigene Strenge, begütigend ein, „erklärt sich diese Art wunderlichen Anachronismus einfach genug aus einem Missverhältniss zwischen literarischer und persönlicher Reife. Dem sehr begabten Verfasser wird mit dieser Bemerkung in keiner Weise zu nahe getreten, es soll damit nur gesagt sein, dass er mehr gesehen und gehört, als erlebt und erwogen hat." Weiter Nichts? Wie bescheiden! Wie liebenswürdig!

Um diese meine zugleich so „greisenhafte" und „unreife" Gesammtanschauung noch einmal kurz zu summiren. Die Weltgeschichte ist das Weltgericht. Jener Napoleon Bonaparte, der an Genie und Willenskraft seines Gleichen sucht, dem die französische Revolution eine Gelegenheit geboten hat, sich um die Menschheit verdient zu machen, wie eine solche im Laufe der Jahrhunderte nur sehr selten vorkommen kann, der grösste Machthaber seiner Zeit, hat schon zu seinen Lebzeiten vollkommen bankrott gemacht! Jenes Frankreich, das im Jahre 1798 so mächtig dastand, wie nie zuvor, hat er, trotz aller Wunder seines Feldherrn- und Herrschertalentes, in einem so ohnmächtigen Zustande zurückgelassen, dass es von den siegreichen Fremden, die zweimal in Paris einzogen, das Gesetz empfangen hat; er selbst, der sich ein zweiter Karl d. Gr., und mehr als dieser, dünkte, hat auf der Insel St. Helena als Gefangener geendigt! Seine phänomenale Erscheinung ist wie ein Komet dahingeschwunden. Dieses Resultat kann den Kundigen nicht überraschen: schon die Geschichte seiner Jugend und seines Emporkommens, der Beginn seiner öffentlichen Laufbahn, lassen die Katastrophe als unvermeidlich voraussehen; dieselbe erklärt sich aus der ganzen Beschaffenheit seiner Persönlichkeit und seines politischen Systems. Was Napoleon Bonaparte fehlt, ist nicht nur das Maasshalten, sondern vor Allem die ethische Grundlage. Er glaubt nicht an die Macht der Tugend, des Guten und Wahren, der Liebe. Er ist überzeugt, dass die Menschen durchweg so wenig wie er selber eine andere Triebfeder kennen als die des Eigennutzes. Oder vielmehr: leidenschaftliche Selbst- und Herrschsucht haben ihn frühzeitig verleitet, den Grundsätzen der Ethik zu entsagen. Er kennt nur sein Ich, diesem will er die Welt unterwerfen. Er kann daher nur solche Menschen brauchen, die seiner Person blindlings ergeben sind, die nur an seine

Macht und sein Genie glauben, die mit ihm dem Götzen des Eigennutzes huldigen. Die selbstlose Begeisterung für das Gemeinwohl darf, da seine Person Alles ist, nicht aufkommen; ihm selber dient sie nur als Aushängeschild, als Lockspeise für Diejenigen, die seine Selbstsucht nicht durchschauen. Wie der Verbrecher nur Verbrecher zu Genossen haben kann, so bedarf der Despot nothwendig der Sklavenseelen. Wo ihm Tugendhaftigkeit begegnet, da muss sie im Keime erstickt oder durch Gewalt bezwungen werden. Bonaparte's Vertrauensmänner müssen, damit er sie in der Hand hat, womöglich stehlen. Seine korsischen Landsleute, deren Freiheitsheld zu werden er einst als Jüngling geträumt hatte, sind das erste Volk, welches er in Ketten thut und an seinen Siegeswagen fesselt! Den Franzosen, die ihn als den Retter und Beschützer der durch die Revolution erstrebten Neugestaltung ihres Gemeinwesens auf den Schild heben, ergeht es nicht besser.

Es handelt sich hierbei nicht um mehr oder minder schreiende Gewaltthaten; auch ein Peter und Friedrich, die Grossen, haben sich solche genug zu Schulden kommen lassen. Die Mittel, die sie in Anwendung brachten, waren oft die allerbedenklichsten, allein was sie erstrebten, war die Wohlfahrt und die Grösse ihres Volkes, diesem Ziele ordneten sie Alles unter, auch ihre Person. Sie identifizirten sich mit ihrem Volke. Und so ist ihre Schöpfung eine ebenso glänzende als dauernde geworden. Friedrich der Grosse insbesondere betrachtete sich nicht nur als den ersten Diener des Staates, der als solcher mehr als irgend ein Anderer von seinen persönlichen Neigungen und Interessen absehen musste, sondern verbot auch während des 7jährigen Krieges für den Fall seiner Gefangennahme ihn durch das Opfer eines Staatsinteresses freizukaufen. Napoleon, der Emporkömmling, hatte für diese sittliche Grösse keinen Sinn. Wenn Ludwig XIV. das frevelhafte Wort zu sprechen wagte: „Der Staat bin Ich!" so überbot ihn Napoleon noch bei Weitem, indem er auf der Höhe seiner Erfolge verkündete: „Die Politik ist jetzt Alles, und die Politik bin Ich." Unter Politik aber verstand er Nichts als die Ausnutzung der Verhältnisse, um seine Machtsphäre über immer nur grössere Menschenmassen auszudehnen. Die Völker, die er mit seinem Schwerte unterwarf, dienten ihm, so gut wie der Einzelne, nur als Fussgestell gleichsam für seine auf eitle Ruhmgier gestellte Grösse.

Der Eigennutz aber ist ebenso ohnmächtig als blind; und so ist es gekommen, dass Er, dessen Verlangen nach Macht unersättlich war, die grösste Macht, die es überhaupt auf Erden, im menschlichen Leben, giebt, die Macht der Moral, so verkannt und verachtet hat, dass er sie durch List und Trug überrumpeln, ersetzen, ihr mit dem Scheine seinen Tribut zahlen zu können meinte! Die Lüge ward sein eigenstes Element, das Werkzeug, mit dem er das Unmögliche möglich machen zu können glaubte. Was Wunder, dass er darüber zu Falle kam? „Ein Gemeinwesen", prophezeihte Kleber, der ihn in Aegypten gründlich kennen gelernt hatte, schon 1800 im Hinblick auf den 18. Brumaire, „Ein Gemeinwesen kann nur von solchen Männern fest begründet werden, welche die Wahrheit zu achten wissen und niemals fürchten."

Den denkbar schroffsten Gegensatz zu der maasslosen Selbstsucht eines Bonaparte würde die Selbstverleugnung eines Christus bilden. Ich aber habe nur den Maassstab von Zeitgenossen an ihn gelegt. Weder Carnot, noch viel weniger Friedrich Caesar Laharpe, können sich an Begabung oder gar an Macht mit ihm messen, allein es waren Männer von Grundsatz, die das Gemeinwohl über Alles setzten und die kraft ihrer ebenso reinen als unerschütterlichen Gesinnung, die Hinfälligkeit des Bonaparte'schen Riesenbaues bald erkannten und den Zusammenbruch desselben mit Zuversicht voraussagten. Er hat ihre Warnungen in den Wind geschlagen, die Ereignisse aber haben ihnen nur zu sehr Recht gegeben.

Herr Schirren vermag diesen kausalen Zusammenhang zwischen der mangelhaften ethischen Anlage Bonaparte's und der Hinfälligkeit seiner Herrschaft offenbar nicht einzusehen. Für Herrn Schirren nämlich ist die Macht des Bösen grösser als diejenige des Guten; ihm scheinen die Menschen so gemein geartet, dass sie nur von einem vollendeten Bösewicht beherrscht werden können; für ihn ist es daher ausgemacht, dass List und Lüge die sichersten Mittel sind, sich zum Herrscher aufzuschwingen und als solcher zu behaupten. Diese seine Anschauungsweise hat Herr Schirren in einer Rede, die er 1878 als Prorektor in Kiel gehalten hat, klar genug zum Ausdruck gebracht.

Es handelt sich in dieser Rede um den „Principe" des Macchiavelli. Auch ein weiser Herrscher, referirt zunächst Herr Schirren, soll nicht immer sein Wort halten. Wären alle Menschen gut, dann freilich wäre diese Lehre nicht gut; aber da die Menschen böse sind und ihr Wort Dir nicht halten, brauchst Du auch Dein Wort nicht zu halten, und nie kann es einem Fürsten an Gründen mangeln, sein Wort zu brechen. Alte und neue Geschichte weiss zu berichten von zerrissenen Traktaten, von zertretenen Schwüren, von Wortbruch und Listen, und immer noch hat der Fürst triumphirt, der am besten verstanden hat, Fuchs zu sein. Er muss sich nur zu verstellen wissen; es wird nie an Einfältigen fehlen, die sich betrügen lassen. Ueber seine Lippen soll kein Wort kommen, das nicht Frömmigkeit, Treue, Menschlichkeit, Religion athme, und fromm, treu, menschlich, religiös, wahrhaft soll er scheinen; was er im Herzen ist, bleibt seine Sache. Der Fürst lasse sich nur Eines zur Sorge sein: „den Staat behaupten". „Die Mittel werden allezeit ehrbar erscheinen und von Allen gelobt werden, denn — und in diesem Satze (bemerkt Herr Schirren mit Nachdruck) zieht sich eine furchtbare Summe — denn die Welt ist gemein und die Meinung der Menge erstickt das Urtheil der Besseren." Diejenigen, welche an die Ausführungen Macchiavelli's einen historischen Maassstab anlegen möchten, indem sie ihn als Sohn seiner Zeit zu begreifen suchen und die damaligen Zustände in Italien in Betracht ziehen, werden von Herrn Schirren eines Bessern belehrt, er hat in Macchiavelli einen Geist entdeckt, der eine absolute Geltung für sich in Anspruch nehmen kann. „Tritt uns der Principe", fragt Herr Schirren, „wirklich als Ausgeburt einer Zeit, eines Hirns, als infernales Ideal, als Ausserordentliches, Ungeheures entgegen? Oder stellt er sich nicht einfach dar als Bild seiner selbst, wie er ist, wie er anders nicht sein kann, wie er sein wird bis an's Ende der Tage?" — „Wie Macchiavelli ihn gestempelt hat", lautet die Antwort, „hat er die Welt beherrscht." „Mag derselbe Karl V., Moritz von Sachsen, Richelieu oder — Napoleon heissen, im Wesen bleiben die grossen und kleinen Principe, wie sie bald in diesem, bald in jenem Volke, in allen Jahrhunderten uns entgegentreten — unabänderlich dieselben, so unabänderlich als das Wesen der Macht ist." Noch mehr. Je länger, je stiller, je ernster Herr Schirren in den Spiegel blickt, den ihm Macchiavelli vorhält, desto mehr fühlt er sich „wie bezaubert". „Immer bekannter werden die wunderbaren Gebilde und unheimlich, aber unverkennbar, treten Dir aus den Zügen der sterbenden Freiheit, der Selbstsucht, die sich anschickt, ihr Erbe anzutreten, deutlicher und deutlicher Deine eigenen Züge entgegen, und in dem Principe als sein Urbild der Mensch — der einfache, natürliche Mensch — mit seinem Verlangen nach Macht."

Aus diesem apokalyptischen Satzgefüge über den Principe, der sich darstellt als „das Bild seiner selbst, wie er ist, wie er anders nicht sein kann, wie er sein wird bis an's Ende der Tage", als „das Wesen der Macht", das „Urbild" des Menschen, geht wenigstens soviel klar und deutlich hervor, dass „die Welt gemein", dass „das Böse mächtiger als das Gute ist", und dass der Fürst daher nothwendig auch gemein sein muss, ein Lügner und Wortbrüchiger von Profession, ein Scheinheiliger.

Man begreift, wie Angesichts dieser Weltanschauung des Herrn Schirren mein Standpunkt ihm als derjenige des „Tugendbundes" erscheinen muss, über den er, der Erfahrene, nur die Achseln zu zucken vermag. Dass ein Herrscher, dem das Wohl und Weh der ihm Untergebenen anvertraut ist, der immer und unbedingt das Interesse des Ganzen im Auge behalten muss, der über Krieg und Frieden, Leben und Tod entscheidet, ein Mann von ebenso klarer Einsicht als Entschlossenheit sein muss, dass er, zumal wenn er in einem Staatswesen, das der Anarchie verfallen ist, erst Ordnung schaffen, sich womöglich selbst erst emporschwingen soll, aus besonders hartem Stoff sein muss, wer wollte Das bestreiten? Je schlimmer die Zustände sind, denen er abhelfen soll, desto gewaltsamer, unerbittlicher wird natürlich sein Benehmen sein müssen, desto weniger wird er sich von menschlicher Rührung beirren lassen dürfen. Allein folgt daraus, dass er nur zum Scheine gerecht, wahr, human — mit einem Worte tugendhaft sein soll? Kann überhaupt ein Mensch auf die Dauer etwas zu sein scheinen, was er in Wirklichkeit nicht ist? Gar ein Herrscher, auf den die Augen Aller gerichtet sind, als auf Denjenigen, dem sie ihre Wohlfahrt anvertrauen, der ihnen durch sein Beispiel voranleuchten soll! Es sollte genug Einfältige geben, um ihn vor dem Scharfsinn der Klügeren zu schützen? Er könnte nur zum Scheine gut handeln und würde trotzdem das Vertrauen in seine Tugendhaftigkeit besitzen, die zu seinem Erfolge doch auch nach Macchiavelli unentbehrlich ist? Das wusste der 23jährige Napoleon besser! „Die Bösen", lautet eine I, 198 von mir angeführte Stelle einer Rechtfertigungsschrift desselben, „haben ein Herz, um böse Empfindungen zu nähren, einen Geist um Böses zu denken, eine Zunge um Böses zu reden, und Arme um Böses zu verrichten; sie besitzen häufig mehr geistige Fähigkeiten und mehr Kraft in den Nerven als der Gerechte; allein dieser hat für sich das Bewusstsein der guten Sache, welches ihm seine Handlungsweise unverrückbar vorschreibt und seinem Taktgefühl, wie überhaupt allen seinen Gaben, eine Fähigkeit verleiht, welche die geschicktesten Ränke, die wahrscheinlichsten und glaubwürdigsten Verleumdungen aufdeckt." In der That: auch der kunstvollste Bau der Lüge ist auf Sand gebaut. Das gilt überall und also auch in der Diplomatie. „Nein", rief selbst Talleyrand am Ende seiner Laufbahn[1]), „die Diplomatie ist keine Kunst der List und der Zweideutigkeit. Wenn die bona fides, d. h. die Wahrheit, irgendwo nothwendig ist, so ist sie es vor Allem in den politischen Transaktionen, denn sie ist es, die diese fest und dauerhaft gestaltet."

Wie gewiss überhaupt das Gute im Endziel obsiegt, lehrt nicht nur das kurze Leben des Einzelnen, lehrt noch weit mächtiger das Leben der Generationen, die Geschichte. Je länger ich gelebt und gedacht — und ich bin kein Jüngling mehr! — je tiefer ich als Historiker geforscht habe, desto eindringlicher und klarer nur ist mir diese erhebende Erkenntniss geworden. Herrn Schirren scheint es genau umgekehrt ergangen zu sein. Er findet daher meine Gesammtanschauung zugleich unreif und — welche Logik! — „greisen-

---

[1]) 1838, in der Akademie zu Paris, bei Gelegenheit seiner Lobrede auf Reinhard. S. Sainte-Beuve, Nouveaux Lundis, II, 108.

haft", ich verfalle mit meinem Werke über Bonaparte jenem Verdikt, das er gegen alle Diejenigen schleudert, welche nicht mit ihm und seinem Macchiavelli an die Gemeinheit der Welt und die Macht des Bösen zu glauben vermögen. „Wem davor graut", ruft er am Schlusse seiner Rede, „der wende um und flüchte zu gleichgestimmten Meistern! Sie stehen in Schaaren bereit, ihn zu empfangen."

Das also ist die „Reife", deren Herr Schirren sich rühmt und die er bei mir vermisst! Er ist so gütig, dieselbe für mich — wenn auch erst in einem späteren Lebensstadium — für erreichbar zu halten. Ich kann nur hoffen, dass dieselbe mir erspart bleiben wird, dass ich keine solche betrübende Wandlung durchzumachen haben werde, wie sie Herrn Schirren beschieden gewesen ist. Im Jahre 1869 schrieb er seine berühmte „Livländische Antwort" an den Panslavisten Samarin, die ihn bis zum heutigen Tage zu einem der gefeiertsten Patrioten gemacht hat. Gegenüber den Anmaassungen des herrschsüchtigen Russen berief er sich damals auf das Wort des Zaren, das dieser zu Gunsten der livländischen Selbständigkeit im Nystädter Frieden verpfändet hat. Dieses gegebene Wort sei auf ewig unverbrüchlich: selbst wenn im Laufe der Zeiten der Buchstabe des Vertrages veraltet und hinfällig geworden sei, so bleibe doch der Geist, in welchem das Wort gesprochen worden, bestehen; bei dem Recht der Livländer halte die kaiserliche Ehre Wache. Und keine zehn Jahre später ruft derselbe Herr Schirren mit Macchiavelli den Fürsten zu: „Da die Menschen böse sind und ihr Wort Dir nicht halten, brauchst Du auch Dein Wort nicht zu halten, und nie kann es einem Fürsten an Gründen mangeln sein Wort zu brechen." 1869 glaubte Herr Schirren auch noch an eine rächende Nemesis. „Zwar hatte auch Schweden einmal die Provinz einzuverleiben getrachtet", ruft er Herrn Samarin zu, „aber das eben war der grosse Rechtsbruch gewesen, welchen der Zar im Nordischen Kriege rächte, als er die Provinz dem Reiche Schweden nahm." 1878 behauptet er mit Macchiavelli: „Alte und neue Geschichte weiss zu berichten von zerrissenen Traktaten, von zertretenen Schwüren, von Wortbruch und Listen, und immer noch hat der Fürst triumphirt, der am besten verstanden hat, Fuchs zu sein." Herr Schirren ist von der Wichtigkeit dieser Erkenntniss so durchdrungen, dass er sie als Prorektor der studirenden Jugend nicht eindringlich genug vortragen kann! Wie gesagt, ich kann nur wünschen, dass mir diese „Reife" nie zu Theil werde.

In der historischen Zeitschrift des Herrn von Sybel hat (im zweiten Heft des Jahrgangs 1881) Herr von W e g e l e das Wort ergriffen. „Der erste Theil des Werkes sei mit Beifall aufgenommen worden, der zweite trage im allgemeinen betrachtet, das Gepräge seines Vorgängers." Herr von Wegele scheint denn auch mit meiner Auffassung der Dinge ziemlich einverstanden zu sein, er gesteht, dass „unsere Kenntniss der Geschichte Napoleons in der behandelten Zeit durch diese Arbeit mannigfache Förderung erfahren hat". Indess geht er darauf nicht weiter ein, sondern eilt, um auf nicht weniger als 35 Seiten nachzuweisen, dass meine Ausführungen in Betreff des Rastatter Gesandtenmordes in jeder Hinsicht verfehlt seien.

Diese einseitige Anzeige des Buches, das Ueberwuchern der berüchtigten Mordgeschichte, habe ich in sofern mir selbst zugezogen, als ich meine Beweisführung in den Text aufgenommen habe. Der Raum, den das verhältnissmässig untergeordnete Ereigniss einnimmt, steht in gar keinem Verhältniss zu der knappen Darstellung des Uebrigen. Ich hätte besser gethan, die ganze Erörterung als Exkurs in einen Anhang zu bringen; dieses war um so mehr geboten, als das Resultat doch nur eine Hypothese ist; ich hätte solcherweise auch ausführlicher und deutlicher sein können, ohne dadurch die Oekonomie des Werkes zu gefährden. Indess ist der Fehler gemacht, und ich muss die Folgen davon tragen.

Dieser Rastatter Gesandtenmord ist in unserer Geschichtsliteratur allgemach zu einer wahren Seeschlange geworden. Die Wandlungen, welche die Darstellung des ebenso grauenhaften als mysteriösen Ereignisses in den Hauptwerken über das Revolutionszeitalter in den letzten 40 Jahren durchgemacht hat, sind äusserst lehrreich.

Bei Schlosser heisst es VI, 180: „Lehrbach und Consorten liessen, wie wir jetzt ganz zuverlässig wissen, ein politisches Verbrechen begehen, welches ganz Europa mit Schauder erfüllte." Schlosser findet den Bericht Jean Debry's über das von ihm in der Nacht vom 28. zum 29. April überstandene Abenteuer „vielmehr komisch als tragisch", er macht denselben etwas plausibler, indem er den vierzigfach Verwundeten nach Rastatt „zurück bringen", also tragen lässt.

Wachsmuth erklärt III, 96: „Auch die kleinsten Umstände der Begebenheit sind auf's genauste ermittelt." Trotzdem begnügt er sich im Wesentlichen damit, die verschiedenen Meinungen über das Ereigniss anzuführen, von der Beschuldigung des österreichischen Kaiserhauses bis zu der des französischen Direktoriums. Am Wahrscheinlichsten scheint auch ihm, dass Graf Lehrbach den verhängnissvollen Befehl ertheilt habe, den französischen Gesandten ihre Papiere abzunehmen und sie selber bei dieser Gelegenheit nicht zu schonen.

Häusser meint: „Vielleicht war Beides (von Seiten der österreichischen Staatsmänner, Lehrbach und Thugut) anbefohlen: die Papiere zu rauben und sich zugleich des ewigen Schweigens ihrer Besitzer zu versichern." Auch er legt einen Nachdruck darauf, dass diese seine Ansicht, welche jeden Verdacht einer französischen Urheberschaft ausschliesst, sich auf die allersichersten wissenschaftlichen Grundlagen aufbaut. In seine Darstellung, bemerkt er in einer Note, sei Nichts aufgenommen, „was sich nicht auf Aktenstücke stützt oder durch gerichtliche Aussagen bestätigt wird".

Wer wollte, nach diesen Ausführungen eines Schlosser, Wachsmuth und Häusser noch daran zweifeln, dass die Oesterreicher und insbesondere Lehrbach die Greuelthat erwiesenermaassen begangen hatten?

Da erschien im Jahre 1869 die Schrift von Mendelssohn-Bartholdy, welcher, auf Grund der im Wiener Archiv gefundenen Schriftstücke, die Beschuldigung Lehrbach's als fable convenue aufdeckte. Er vermochte überhaupt nicht, an die Schuld der Oestreicher zu glauben, sondern hielt dafür, dass französische Emigranten, die sich unter die Szekler gemengt hätten, die Anstifter der That seien, wie das schon kurz nach der Katastrophe von Vielen, und namentlich auch vom Erzherzog Karl für wahrscheinlich gehalten worden war.

Als Antwort hierauf ward der s. g. „Authentische Bericht", den die deutschen Gesandten bei ihrer Abreise von Rastatt verfasst hatten, noch einmal veröffentlicht, den dann der Freiherr von Reichlin-Meldegg in einer besonderen Schrift commentirte, um zu dem Schlusse zu kommen, dass Mendelssohn-Bartholdy's Hypothese unbedingt zurückzuweisen sei.

1874 erschien das Buch des Herrn v. Helfert, in welchem die bisherige Literatur über den Gesandtenmord ausführlich besprochen, und aus den österreichischen Archiven ein reiches Material beigebracht wird. Für Herrn v. Helfert ist es zwar ausgemacht, dass Szekler Husaren bei dem Morde betheiligt waren, allein wer die wirklichen Thäter, die Urheber waren, bleibt ihm ein — ungelöstes Räthsel. Der Verdacht scheint ihm aber schwerer auf den Franzosen zu lasten, als auf den Oesterreichern.

Herr v. Vivenot, ebenfalls ein Oesterreicher, dem die Wiener Archive zugänglicher gewesen sind als irgend jemand Anderem, kommt zu dem Resultat, dass zwar Szekler die That begangen haben, allein ohne höheren Befehl.

Diesen Ausführungen v. Helfert's und v. Vivenot's trat Herr v. Sybel entgegen, um die Ansichten von Schlosser, Wachsmuth und Häusser wieder zur Geltung zu bringen. Lehrbach ist bekanntlich wenige Tage nach dem Gesandtenmorde in einem Gasthofe zu München von einem pfälzischen Diplomaten durch das Schlüsselloch belauscht worden, wie er mit seinem Sekretair im Zwiegespräch sich über das Ereigniss ausliess. Arnault, der den bezüglichen Bericht kannte, wollte in demselben gelesen haben, dass Lehrbach eine Prügelorder ertheilt habe, welche die Szekler auf ihre Weise ausgelegt hätten. Dieses Münchener Dokument, von dem man nur noch von Hörensagen wusste, schien Herrn v. Sybel jetzt noch an Bedeutung gewonnen zu haben. „Mit einem Worte", summirt er daher in seiner Geschichte des Revolutionszeitalters V, 288, „wenn früher Arnault's Bericht wegen mangelhafter Beglaubigung unbeachtet bleiben mochte, so scheint seine Richtigkeit jetzt durch die von Vivenot veröffentlichten Aktenstücke über jeden Zweifel hinaus festgestellt", d. h.: Lehrbach hat den Befehl gegeben, den französischen Gesandten bei ihrer Abreise aus Rastatt nicht nur ihre Papiere abzunehmen, sondern sie obendrein zu „zausen" und „auszuplündern".

Spätere Nachforschungen im östreichischen Archiv, deren Resultat Herr v. Sybel in der Deutschen Rundschau vom

Oktober 1876 veröffentlicht hat, bestärkten ihn nur noch in dieser Annahme. Als jedoch das geheimnissvolle Dokument in München ihm bald darauf zur Publikation überlassen wurde, ergab sich, wie Herr v. Sybel selbst (XXIX, 65 seiner Zeitschrift) constatirt, „dass Lehrbach nicht das geringste mit dem Morde zu thun gehabt hat". Die Unschuld Thugut's ist nicht weniger schlagend erwiesen. Herr v. Sybel sucht nach einem Anderen im österreichischen Lager, der den verhängnissvollen Befehl ertheilt haben könnte, ein Solcher ist jedoch noch nicht entdeckt worden. Im Uebrigen ist Herr v. Sybel jetzt überzeugt, „dass es sich nur um einen Ausfluss politischen oder nationalen Fanatismus des einzelnen Mannes, oder wie Vivenot es ausdrückt, um einen Akt militärischer Lynchjustiz gehandelt hat". Thugut, Pitt, Ludwig XVIII., Karoline von Neapel habe man ohne einen Schatten eines Beweises verdächtigt.

H. Hüffer endlich kommt ziemlich zu demselben Resultat; ich sage ziemlich, weil auch er Szekler Husaren für die unmittelbaren Thäter zu halten scheint und mit grösster Entschiedenheit alle Combinationen von der Hand weist, welche die Franzosen in Verdacht ziehen könnten, zugleich jedoch mit Helfert das Ganze als ein ungelöstes Räthsel bezeichnet.

Meine Hypothese unterscheidet sich von sämmtlichen vorangegangenen Vermuthungen und Behauptungen dadurch, dass ich, als der Erste, die Aufmerksamkeit auf Bonaparte und seine Helfershelfer gelenkt habe und Jean Debry selbst für compromittirt halte. Gewarnt durch die angeführten Beispiele habe ich nicht unterlassen, auf Schritt und Tritt mit Nachdruck hervorzuheben, auf wie unsicherm Boden wir uns bewegen, wie leider auch ich noch vielfach mehr auf Vermuthungen als auf feststehende Thatsachen angewiesen bin. Statt dass Herr v. Wegele diese meine Vorsicht anerkennt, werden meine bezüglichen Wendungen als missliche „Redensarten" gekennzeichnet.

Wenn ich in dieser Beziehung des Guten zu viel gethan zu haben scheine, so wundert sich Herr v. Wegele andrerseits, dass ich meine Hypothese überhaupt vorzubringen gewagt habe. Herr H. Hüffer, meint er, habe vor einem solchen Beginnen, Bonaparte für den Gesandtenmord verantwortlich zu machen, nachdrücklich genug gewarnt.

Mit dieser Warnung des Herrn H. Hüffer hat es eine eigene Bewandtniss. Meine Hypothese habe ich nämlich, wie schon II, 412 bemerkt, volle 5 Jahre mit mir herum getragen, bevor ich dieselbe veröffentlichte. Während dieser Zeit habe ich sie mit den nächstbetheiligten Fachgenossen wiederholentlich besprochen; auch mit H. Hüffer; leider ohne ihn überzeugen zu können oder durch seine Einwendungen in meiner Ueberzeugung erschüttert zu werden. Die grosse Differenz in unserer Auffassung der ganzen Lage der Dinge, der maassgebenden Persönlichkeiten und vor Allem des Zusammenhangs der Begebenheiten hat vielmehr dahin geführt, dass Jeder von uns seine Ansicht nur um so schroffer und schärfer ausgeprägt hat. Und so hat sich H. Hüffer, offenbar im Hinblick auf die mit mir gepflogenen Unterredungen, in seiner Geschichte des Rastatter Congresses (II, 341) verleiten lassen, zu behaupten, dass „dem Verdacht nicht allein gegen Debry, sondern auch gegen das Direktorium jeder Schatten einer Begründung" fehle. Ja, er geht noch weiter und schreibt: „Wenn die Partei Bonaparte's dergleichen verbreitet hat, so verdiente sie, dass Jemand von der Gegenseite dem Obergeneral in Aegypten den Mordplan Schuld gegeben hätte, um eine Thorheit durch die andere wett zu machen." Dabei muss H. Hüffer schliesslich selbst bekennen, dass, wie er sich ausdrückt, „eine eiserne Maske das Staats-Geheimniss Ludwig's XIV vielleicht nicht undurchdringlicher verborgen hat, als ein Gewebe eigenthümlicher, kaum erklärlicher Umstände das Geheimniss des Rastatter Gesandtenmordes." H. Hüffer war um so weniger zu einem so apodiktischen Tone gegen meine noch nicht publizirte Hypothese berechtigt, als er seine bezüglichen Behauptungen durch Beweise zu unterstützen gar nicht einmal versucht hat. Herr v. Wegele konnte diesen Zusammenhang der Dinge nicht kennen, allein er hätte es jedenfalls unterlassen sollen, auf eine Autorität zu verweisen, die keine Gründe beibringt. Noch viel weniger trifft Herr v. Wegele zum Ziele, wenn er mir vorhält, dass selbst Lanfrey, dessen berühmtes Geschichtswerk er kurzweg eine „Anklageschrift gegen Napoleon" nennen zu dürfen meint, dass selbst Lanfrey bezüglich des Rastatter Mordes keinen Verdacht gegen Napoleon geäussert habe. Lanfrey's Oberflächlichkeit bei Behandlung der europäischen Politik habe ich bereits in der Vorrede zum zweiten Theil meines Werkes gerügt. Bezüglich der Rastatter Katastrophe weiss er Nichts zu sagen, als: „La reprise des hostilités nous fut notifiée par l'assassinat de nos plénipotentiaires à Rastatt, atrocité dont la maison d'Autriche ne s'est pas encore lavée." D. h. die Wiederaufnahme der Feindseligkeiten wird den Franzosen durch die Ermordung ihrer Gesandten notifizirt — nachdem der Krieg schon seit mehr als 6 Wochen in vollem Gange war! Die Schlacht bei Stockach, welche zur Folge hatte, dass die Franzosen sich vor den siegreichen Oesterreichern über den Schwarzwald bis hinter den Rhein zurückziehen mussten, findet am 26. März statt, der Mord vor den Thoren Rastatts am 28. April. Und Herr v. Wegele wünscht, dass ich das Aufstellen meiner Hypothese dem Scharfsinn der Franzosen überlassen hätte!

Was nun diese meine verwegene Hypothese selbst anbelangt, so schliesse ich bekanntlich folgendermaassen:

Bonaparte's Feldzug nach Aegypten ist nur ein Theil jenes gigantischen Planes, der ihm zugleich das Scepter an der Seine und die Grundlage einer Weltmonarchie verschaffen sollte. Die Voraussetzung dabei war, dass der Krieg am Rhein und in Italien während seiner Abwesenheit wieder ausbrechen werde. Auf die erste Nachricht davon wollte er, wie er dem Direktorium selbst meldet, für seine Person zurückkehren und den Heeren der Republik, die Angesichts der drohenden Coalition aller menschlichen Berechnung nach zunächst zurückweichen mussten, wieder zum Siege verhelfen. Vor seiner Abreise hatte er, wie ich wahrlich ausführlich genug nachgewiesen und dargelegt habe, das Erdenkliche gethan, um den Wiederausbruch der Feindseligkeiten unvermeidlich zu machen. Dazu gehörte auch die Art und Weise, wie er die Verhandlungen in Rastatt geleitet hatte, und namentlich die Entsendung eines Mannes wie Jean Debry. Die Diversion im Orient, wie er sie geplant hatte, missglückte vollständig: statt dass der Türke als Bundesgenosse der Franzosen den Russen und Oesterreichern den Krieg erklärte, schlug er sich zu diesen gegen Bonaparte. Diesen Fall hatte er als unmöglich gesetzt. Dadurch war nicht nur seine Stellung am Nil auf's Aeusserste gefährdet, sondern er musste auch fürchten, dass die Machthaber in Paris Angesichts dieser Lage der Dinge den continentalen Frieden um jeden Preis aufrecht zu halten versuchen würden. Wenn ihnen dieses gelang, so konnte er an Rückkehr, an das Verlassen seines Heeres am Nil nicht denken. Wie wollte er eine solche Fahnenflucht rechtfertigen? Vor Allem, was sollte er in Frankreich anfangen, wenn er einen Friedensstand vorfand? Um das Direktorium zu stürzen und sich an dessen Stelle zu setzen, musste er, wie zur Zeit seiner Rückkehr aus Italien, mit dem Nimbus zugleich des Unbesiegbaren und des Friedensstifters kommen, oder —

als Retter in der Noth. Und so war der Wiederausbruch des Krieges am Rhein und in Italien für ihn geradezu eine Lebensfrage; erfolgte derselbe nicht, bevor er in Aegypten dem vereinten Angriff der Engländer und Türken unterlag, so war er verloren. Man begreift daher, mit welcher Ungeduld er die ersehnte Nachricht erwarten musste. Statt dessen musste er es erleben, dass selbst der erneute Waffengang in Italien, die Einnahme von Neapel und die Begründung der Parthenopäischen Republik daselbst, die Vernichtung Piemonts, die Oesterreicher nicht aus ihrer Reserve herauszulocken vermocht hatten! Thugut schien nicht weniger entschlossen, den Frieden aufrecht zu halten als das Direktorium. Selbst wenn der Krieg zwischen Oesterreich und Frankreich wieder entbrannte, war die Gefahr, die Bonaparte und sein Emporkommen so schwer bedrohte, noch nicht beseitigt. Wer stand ihm dafür, dass das Direktorium nicht nach der ersten Schlappe die Stellung in Italien preisgeben und sich mit der Rheinlinie begnügen würde? Vollkommene Sicherheit erlangte Bonaparte nur, wenn ein Casus belli geschaffen wurde, der die Leidenschaften in dem friedenssüchtigen Frankreich derart entfachte, dass das Direktorium so bald keinerlei Frieden schliessen konnte. Ein solcher Kriegsfall war die Ermordung der Friedensgesandten in Rastatt. Und so ist es sehr verständlich, dass der Gewährsmann des Abbé Montgaillard (s. II, 408 meines Buches) keineswegs erstaunt war, Bonaparte wenige Monate nach der blutigen Katastrophe vor den Thoren Rastatts heimkehren zu sehen.

Diese Schlussfolgerung ist zugleich der Ausgangspunkt und das Fundament meiner Hypothese; man mag dieselbe annehmen oder verwerfen, man wird sich immer zuerst über die Auffassung der Gesammtlage der Dinge, über die Ziele und Wege Bonaparte's verständigen müssen; sich vorher in eine Auseinandersetzung über Einzelheiten einlassen, hiesse eine Schlacht entwirren wollen, ohne den Plan der Feldherren, die sie schlugen, zu kennen. Herr v. Wegele will jedoch darüber, ob die Verhältnisse wirklich so gelegen haben oder nicht, schon darum nicht streiten, „weil auch wenn Alles sich so verhielt, für unsere Frage blutwenig damit gewonnen wäre".

Angesichts einer solchen Kampfweise könnte ich auf jedes weitere Eingehen füglich verzichten. Indess Herr v. Wegele steht nicht allein, seine Abhandlung scheint in den weitesten Kreisen Eindruck gemacht zu haben; es hat sogar ein so freundlicher und besonnener Beurtheiler meines Buches wie Professor Erdmannsdörffer (in den Göttinger Gelehrten Anzeigen vom 1. Januar 1882) sich mit den Ausführungen des Herrn v. Wegele, wenigstens insoweit sie die Sache und nicht meine Person betreffen, im Wesentlichen einverstanden erklärt. Und so werde ich mich bequemen müssen, den Fehdehandschuh, wie ihn Herr v. Wegele mir hingeworfen hat, aufzugreifen. Vielleicht lässt sich auch so eine Verständigung erzielen. Jedenfalls hoffe ich, bei dieser Gelegenheit in die ganze Angelegenheit mehr Licht zu bringen, schon dadurch, dass ich mich selber eingehender und klarer ausspreche.

Was meine Aufmerksamkeit auf Bonaparte als den vermuthlichen Urheber des Rastatter Gesandtenmordes gelenkt hat, ist nicht nur seine damalige Lage und das Interesse, das er an der That hatte; es kommt vielmehr hinzu, dass kurz vorher schon zwei durchaus ähnliche Ereignisse zu verzeichnen sind, welche mit seiner Politik auf das Engste verknüpft sind, und für die er unbedingt in erster Linie, wenn nicht ausschliesslich, verantwortlich zu machen ist. Das erste ist der Vorfall mit der Gesandtschaft in Rom, im December 1797, wo sein Bruder Joseph und dessen Schwager in spe, der junge General Duphot, jenen blutigen Zusammenstoss mit der päpstlichen Polizei verursachten, der die Besitzergreifung des Kirchenstaates durch die Franzosen zur Folge hatte. Dass dieses Alles unter den unmittelbaren Auspicien Napoleon Bonaparte's geschah, ist so notorisch, dass meine bezüglichen Ausführungen bei keinem meiner Herren Kritiker auf Widerspruch gestossen zu sein scheinen. Anders verhält es sich mit dem zweiten Fall, der Affaire Bernadotte in Wien. Herr Schirren führt denselben bekanntlich als Beleg an für jenen Kanon, den er bei mir entdeckt haben will, gemäss welchem ich Bonaparte so böse mitspiele. H. v. Wegele und auch H. Erdmannsdörffer legen ebenfalls gegen meine Darstellung Protest ein. Um diese kurz zu rekapituliren.

Die Entsendung des General Bernadotte als Botschafter der französischen Republik nach Wien ist, wie von Sandoz Rollin zum Ueberfluss bezeugt wird, auf Veranlassung von Bonaparte erfolgt. Bernadotte unternimmt die Reise von Italien aus, ohne seine Ernennung der Regierung in Wien zuvor auch nur anzuzeigen, und das zu einer Zeit, als die Beziehungen zwischen beiden Mächten noch äusserst gespannte waren und man sich über die Frage der diplomatischen Vertretung, vollends über Titel, Etiquette u. s. w., noch nichts weniger als verständigt hatte; er zwingt die Beamten an der Grenze, ihn ohne Pass durchzulassen, indem er damit droht, dass die Behinderung seiner Reise einem Kriegsfall gleich kommen werde. Niemand ist mehr bestürzt und entrüstet über seine plötzliche Ankunft an der Donau als Thugut, der Minister des Auswärtigen, dem schon die blosse Anwesenheit eines Vertreters der französischen Republik in der kaiserlichen Hauptstadt im höchsten Maasse unbequem und gefährlich dünkte. Diesem geradezu unerhörten Ueberfall entsprachen die Instruktionen, welche Bernadotte mit auf den Weg bekam, nur zu sehr: ward ihm doch nichts Geringeres aufgetragen, als die Wiederherstellung Polens und die Theilung der Türkei anzuregen! D. h. Thugut sollte, nachdem er soeben erst durch den Vertrag von Campoformio den revolutionären Umwälzungen in Italien und Deutschland endlich ein Ziel zu setzen versucht hatte, einer ähnlichen Umwälzung im Osten Thür und Thor öffnen! Dieser Plan hatte überdies zur Voraussetzung, dass Thugut das Bündniss mit Russland, auf das er seine letzte Hoffnung zur Rettung der österreichischen Monarchie gesetzt hatte, den Angelpunkt seines ganzen politischen Systems, aufgebe, um mit Bonaparte gemeinsame Sache zu machen! Nicht genug damit: Bernadotte sollte auf das Allerschärfste und Rücksichtsloseste darauf achten, dass der französischen Republik auch äusserlich alle erdenklichen Ehren erwiesen würden. Um ihn in diesen seinen Forderungen zu unterstützen, war ihm ein zahlreiches Gefolge mitgegeben, das aus revolutionären Heissspornen bestand, welche jede Gelegenheit wahrnahmen, die Oesterreicher und die Anhänger der alten Ordnung zu reizen. Darunter befanden sich auch Polen, welche trefflich dazu geeignet waren, als Kundschafter zu dienen und mit ihren Landsleuten anzuknüpfen. Bonaparte hatte, wie Sandoz Rollin von Paris aus nach Berlin meldet (s. II, 359 Anmerkung), den Polen, die unter ihm in Italien gefochten hatten, versprochen, zur Wiederherstellung ihres Vaterlandes mitzuwirken; doch erst — wenn ein neuer Krieg mit dem Kaiser entbrenne. Die Polen fachten daher das Feuer an, wo sie nur konnten. Kosciuszko selbst, der im Sommer 1798 nach Paris kam, sollte in die Krim. Zugleich wurden die Türken von Bonaparte vor den Theilungsprojekten der Oesterreicher und Russen gewarnt: Bonaparte gab vor, ihnen mit einem Hilfsheer (seinen ägyptischen Legionen) gegen die beiden Kaiserhöfe beistehen zu wollen. Thugut hätte blind sein müssen, wenn er die wahre Absicht der Franzosen nicht durchschaut hätte. Kurz, es war Alles so eingeleitet und angeordnet, dass das Aushängen der Tricolore und der sich daran knüpfende Strassentumult, der Sturm auf das Gesandtschaftsgebäude, die brüske Abreise Bernadotte's, nur die nothwendige Folge alles Vorangegangenen, als das erstrebte Ziel erscheint; dass das Maass der Herausforderung voll und eine Verständigung auf Grund seiner Instruktionen unmöglich war, beurkundet auch der Umstand, dass Bernadotte bereits am Tage vor der Katastrophe ein Entlassungsgesuch an das Direktorium in Paris aufgesetzt hat.

Dreister und sicherer, als durch diese Sendung Bernadotte's nach Wien, konnte ein Casus belli nicht provozirt werden. Diesen aber brauchte nicht die offizielle Regierung in Paris, das Direktorium, dessen Fortbestand von der Aufrechthaltung des Friedens bedingt war, sondern — der General Bonaparte, der eben im Begriffe stand, nach Egypten aufzubrechen. Und so hatte, wie ich Angesichts der widersprechenden oder vielmehr nicht ausreichenden Ausführungen H. v. Sybel's und H. Hüffer's mit Nachdruck hervorhebe, die ganze Angelegenheit Bernadotte überhaupt nur Sinn, insofern sie den bekannten Absichten Bonaparte's diente.

Ich weise zum Ueberfluss, an der Hand der im Pariser National-Archiv gefundenen Akten, nach, dass die Franzosen in Wien sogar Mittel und Wege hatten, den Volksauflauf zu organisiren, sei es dadurch, dass sich Agenten von ihnen unter die Menge begaben, wozu sich die Polen im Gefolge Bernadotte's besonders eigneten, oder dass sie durch Bestechung willfährige Werkzeuge fanden. Dieses scheint, trotz der Herausforderung durch die Tricolore, Noth gethan zu haben; jedenfalls berichtet einige Tage später ein Agent, der sich unter das Volk begeben hatte, welches den Tag feierte, an welchem vor einem Jahre der Landsturm gegen das anrückende Heer Bonaparte's aufgeboten worden war, nach Paris, dass man den Sturm auf die französische Gesandtschaft allgemein missbillige.

Dass die Katastrophe von Paris aus geplant worden ist, dafür besitzen wir sogar ein direktes und gewiss beachtenswerthes Zeugniss. „Einen Monat vor seinem Tode hat der bei Rastatt ermordete französische Gesandte Bonnier, dem genuesischen Gesandten (Boccardi), seinem vertrauten Freunde, mitgetheilt, er habe fast die Gewissheit erlangt, dass die Katastrophe Bernadotte's in Wien das Werk des Direktoriums gewesen sei; er wage diesen schauererregenden Verdacht Niemanden anders anzuvertrauen, er besitze jedoch zu zwingende Gründe, als dass er sich desselben entschlagen könne..." So berichtet der preussische Gesandtschaftssekretair Roux am 2. Juni 1799 von Paris aus nach Berlin![1]

Diese meine Darstellung der Affaire Bernadotte dient, wie gesagt, Herrn Schirren neben dem Fall Hoche als Beleg für seinen Kanon: „Geschieht irgendwo etwas Böses, das Bonaparte zum Vortheil gereicht, und auf keinen sonst lässt sich mit Fingern zeigen, so ist er der Urheber gewesen." Herr v. Wegele wandelt auf derselben Fährte, indem er sie als Beispiel benutzt, um zu beweisen, wie wenig ich mich um Meinungen kümmere, die nicht in mein System (sic!) passen. „Es muss Böhtlingk doch bekannt sein", ruft er in hellem Zorne, „dass andere und gewiss auch in seinem Auge stimmfähige Forscher, wie Heinrich v. Sybel, den bezüglichen Fall ganz anders und als etwas Bonaparte eher Unerwünschtes darstellen." Allerdings ist es mir bekannt, dass, wie schon bemerkt, meine Darstellung sich mit derjenigen der Herren v. Sybel und H. Hüffer nicht deckt. Ich bin eben hier, wie fast auf jeder Seite meines Buches, gestützt auf die Ar-

---

[1] S. den Bericht bei Paul Bailleu, Preussen und Frankreich von 1795 bis 1807. Diplomatische Correspondenzen, I, 423; im VIII. Bande der „Publikationen aus den K. Preussischen Staatsarchiven".

beiten dieser und anderer meiner Vorgänger, für die Niemand ihnen mehr Dank weiss, als ich, und mit Hilfe neuen Materials zu anderen, wie ich glaube, richtigeren und klareren Resultaten gelangt. In welchem Maasse, nicht die Katastrophe in Wien selbst, wohl aber die schnelle Meldung derselben nach Paris, dem General Bonaparte „unerwünscht" kam, hat übrigens Niemand nachdrücklicher hervorgehoben und ausgeführt als — ich selbst! (II, 258 und 293). Wäre der Tumult in Wien erst am Jahrestage des Landsturmes erfolgt — und es scheint mir wahrscheinlich, dass dieser Termin in Aussicht genommen war — oder wäre Bernadotte nicht nach dem Beispiele Bonaparte's „à casse-cou" gereist, so hätte die Rechnung vollkommen gestimmt. So aber wurde der General, der sich eben in den Wagen setzen wollte, um nach Toulon zu eilen, wo seine Truppen schon eingeschifft waren, von dem Direktorium, welches sich plötzlich vor den so gefürchteten Wiederausbruch des Krieges mit Oesterreich gestellt sah, zurückgehalten. Der Aufschub, den dadurch die Expedition nach Egypten erlitt, hatte nichts Geringeres im Gefolge, als die Vernichtung der Flotte bei Abukir. Ich habe auch — und zwar als der Erste — aufgedeckt, wie Bonaparte diesen Schicksalsschlag parirte und Alles aufbot, um den Kriegsfall trotzdem zu ertrotzen. Dieses Nachspiel der Affaire Bernadotte, wie ich es II, 293—296 bringe, ist gleichsam die Probe auf's Exempel, es dünkt mir der schlagendste Beweis dafür, dass meine Auffassung nicht nur dieser Angelegenheit, sondern der ganzen damaligen Lage die richtige ist und wirft überhaupt auf die Handlungsweise Bonaparte's das grellste Licht.

Herr Erdmannsdörffer stösst sich vornehmlich daran, dass ich geneigt bin anzunehmen, Bonaparte habe bei dieser Gelegenheit auch noch den General Bernadotte compromittiren wollen. Ich kann darauf nur erwidern, dass

Bernadotte schon damals für seinen gefährlichsten Rivalen gelten musste. Er gehörte zu den Wenigen, die zugleich Feldherr und Politiker waren. Sein Ehrgeiz war nicht zu ermessen und um so mehr zu fürchten, als es ihm an Verschlagenheit und Besonnenheit wahrlich nicht fehlte. Als Kriegsminister hat er sich im Jahre 1799 so hervorgethan, dass seine Anwartschaft auf die militairische Diktatur an der Seine in erster Linie stand. Die Bonaparte's hatten sich seiner auch dadurch zu bemächtigen gesucht, dass sie ihn mit der Schwester von Joseph's Gemahlin vermählten. Trotzdem schien ihnen Bernadotte, als Napoleon's Rückkehr aus Egypten sich verzögerte, so gefährlich, dass er als Kriegsminister gestürzt wurde. Bernadotte empfing den Rückkehrenden mit unverhohlenem Groll und Misstrauen. Am 18. Brumaire brachte ihn Joseph zwar glücklich dahin, dass er zum Stelldichein kam, allein in Civil, wodurch er zu erkennen gab, dass er sich vollkommen passiv verhalten wolle. Napoleon hatte den Unbequemen denn auch schon von Egypten aus von Paris zu entfernen gesucht, indem er das Direktorium aufforderte, ihn mit einem Truppenkorps in Korfu landen zu lassen, von wo aus er, im Anmarsch auf Constantinopel, Bonaparte behilflich sein sollte; solcherweise wäre er auch wieder, wie schon in Italien, unter dessen Kommando gekommen. Aehnlich hatte auch Augereau, vor welchem Bonaparte seit dem 18. Fructidor und dem Tode von Hoche zitterte, gegen Portugal aufbrechen sollen, um die Engländer aus Lissabon zu vertreiben. Durch den Auftritt in Wien war der eventuelle Diktator Bernadotte in den Augen von Europa und der Franzosen gleich sehr diskreditirt; und auch das Direktorium musste ihm gram sein. Diese Thatsache ist unbestreitbar. Wie Bonaparte zugleich geschickter und wirksamer gegen diesen Rivalen hätte operiren können, weiss ich nicht. Oder sollte das Alles wirklich nur der Zufall, sein Glücksstern so gefügt haben? Das hiesse von seinen Fähigkeiten und seiner Thatkraft so gering denken, dass sein Emporkommen zu einem Wunder wird. Wenn irgend Einer, so ist Napoleon Bonaparte sein eigener Glücksschmied gewesen. Diese Seite meiner Darstellung haben Diejenigen, welche mein Urtheil über ihn zu streng finden, vollkommen übersehen. Wie im Falle Bernadotte, so in vielen anderen, hat es in meiner Absicht gelegen, keineswegs nur seine verbrecherischen Pläne, sondern ebensosehr seine ausserordentliche Willenskraft und Klugheit, seine Umsicht und Menschenkenntniss an den Tag zu legen. Je weniger sein Ziel mit demjenigen des Gemeinwohls zusammenfällt, desto grösser müssen naturgemäss seine Gaben gewesen sein. An Energie und Ausdauer hat ihn denn auch nicht leicht Einer erreicht, geschweige übertroffen. Das ganze Gepräge seiner Persönlichkeit ist ein so eigenartiges und gewaltiges, dass er sich nirgends verleugnen kann. „Ex ungue leonem"; an der Art und Weise wie man Bernadotte durch seine Sendung nach Wien mitspielte, ist wie ich meine Bonaparte's Tigerkralle unverkennbar.

Die Analogie, um nicht zu sagen der Zusammenhang dieser Affaire Bernadotte mit der Rolle, die der französischen Gesandtschaft in Rastatt zufiel, springt in die Augen: der Kriegsfall, den Bonaparte brauchte, und der durch die Sendung des „agent provocateur" nach Wien und den Auftritt daselbst nicht perfekt geworden war, konnte und musste im Nothfall durch die Unterhändler in Rastatt herbeigeführt werden. Der erste Schritt dazu war die Entsendung eines wegen seiner Racherufe gegen die europäischen Mächte, insbesondere die deutschen Fürsten, so verrufenen Mannes wie Jean Debry. Indess die Vorsicht des Direktoriums und der Umstand, dass Thugut vor dem Frühjahr 1799 nicht losschlagen wollte, bewirkten bekanntlich, dass der Friedensstand zwischen Oesterreich und Frankreich durch das ganze Jahr 1798 hindurch erhalten blieb. Die Folge davon war, dass Bonaparte aus Egypten nicht heimzukehren wagte. Ursprünglich hatte er seine Rückkunft bereits für Ende September oder Anfang Oktober 1798 in Aussicht gestellt. Am 8. September meldet er dem Direktorium, dass sich diese um einige Monate verzögern könnte. Allein am 7. Oktober ist er dennoch entschlossen aufzubrechen, sobald er glaube annehmen zu dürfen, dass der Friede auf dem europäischen Kontinente nicht gesichert sei. Am 17. December schreibt er: „Wir erwarten Nachrichten aus Frankreich und Europa; es ist das ein leidenschaftliches Bedürfniss unserer Seelen; denn, sollte der nationale Ruhm uns nöthig haben, so würden wir untröstlich sein, nicht zur Stelle sein zu können." Am 10. Februar 1799 endlich: „er warte nur darauf, dass es sich bestätige, dass Frankreich noch gegen die Könige in Waffen stehe." Indess bewiesen selbst die Nachrichten, die er am 19. April erhielt, noch immer nicht, dass der ersehnte Krieg wirklich ausgebrochen sei! Erst Anfangs August erfuhr er, und zwar durch die Zeitungen, die ihm die Engländer zustellten, dass der Krieg seit dem Frühjahr 1799 in vollem Gange sei und Frankreich sich in der grössten Bedrängniss befinde. Worauf er sofort die Anstalten zu seiner Rückkehr traf.

Ist es denkbar, dass Bonaparte während all dieser Monate banger Erwartung keinen Finger geregt haben sollte, um den Kriegsfall, auf den er mit solcher Zuversicht rechnete und den er so energisch vorbereitet hatte, zu beschleunigen?

Um zu beweisen, dass der General von Egypten aus selbst die allergeheimsten Weisungen nach Europa hat gelangen lassen können, begnüge ich mich (II, 368), auf die Entsendung seines Bruders Ludwig und seines alten Intimus Sucy hinzuweisen. Ludwig verlässt Egypten am 1. November 1798, Sucy am 25., Beide sind glücklich in Paris angelangt.

Zugleich erwähne ich, dass Bonaparte überhaupt in regem Verkehr mit Europa gestanden hat. So viele Kriegsschiffe die Engländer, Türken und Russen im mittelländischen Meere auch vereinigen mochten, so konnten sie doch höchstens verhindern, dass Bonaparte einen namhaften Zuzug erhielt oder mit seinem Heere vom Nil heimkehrte: einzelne Schiffe konnten immer und überall passiren. Die Blokade, gemäss welcher er von Europa vollständig abgeschnitten gewesen wäre, ist ein — Märchen. Darüber kann sich Jeder überzeugen, der nur seine Briefe an das Direktorium in der Correspondance nachlesen will. Er hat beständig nicht nur politische Agenten, sondern ganze Ladungen von Invaliden über's Meer geschickt. Am 10. Februar 1799 hatte er, wie er dem Direktorium meldet, im Ganzen nicht weniger als 60 (sage sechzig) Fahrzeuge aller Nationen und auf allen Wegen nach Europa entsandt. In einem Schreiben vom nämlichen Datum an Desaix, bemerkt er überdies, dass fast sämmtliche Aviso's, die er nach Frankreich dirigirt hatte, daselbst angekommen seien!

Trotzdem zweifelt Herr v. Wegele, dass Bonaparte von Egypten aus irgend welche Anordnungen in Europa habe treffen können! Das sei ihm, wie er sich ausdrückt, „aus so zu sagen mechanischen Gründen" schwerlich möglich gewesen! Mir wird vorgeworfen, dass ich die Frage nach dieser „mechanischen Möglichkeit" zu „leicht" genommen hätte.

Dass Bonaparte den Wiederausbruch des kontinentalen Krieges herbeigewünscht habe, will übrigens Herr v. Wegele zur Noth zugeben, ja er scheint Dieses für vollkommen erwiesen zu halten; auch dass Bonaparte, der Mörder Enghien's, fähig gewesen wäre, eine That, wie die des Rastatter Gesandtenmordes anzuordnen, bezweifelt Herr v. Wegele nicht im Mindesten. „Aber", spottet er, nicht eben sehr geschmackvoll, „dass ein so schlauer Rechner wie Bonaparte eine solche

Gewaltthat so zu sagen post festum und zum Nachtische gewollt habe, das vermögen wir nimmermehr zu glauben. Das war nicht Bonaparte's und nicht Napoleon's Art!" Das ist wahrlich auch nichts weniger als meine Meinung. Alles, was ich behauptet habe und noch behaupte, ist, dass ich es für möglich, ja für das Wahrscheinlichste halte, dass der Rastatter Gesandtenmord das Werk jener Bonapartisten ist, wie ich sie wiederholt gekennzeichnet habe, die dabei im Interesse und wohl auch im Auftrage ihres Herrn und Meisters handelten, das Werk jener seiner Helfershelfer in Italien und Deutschland, über welche der Direktor Treilhard (II, 377) so bitter klagte und die das widerstrebende Direktorium beständig in neuen Krieg zu verwickeln drohten (vgl. u. A. II, 369), mit einem Worte das Werk gewesen ist — um mit Montgaillard's Gewährsmann zu reden — jener geheimnissvollen Macht, die sich längst überall regte, um der Republik Verlegenheiten zu bereiten, deren Haupt aber erst am 18. Brumaire für alle Welt sichtbar werden sollte. Damit ist nicht gesagt, dass Bonaparte den nackten Befehl ertheilt habe, Jean Debry oder sonst Jemanden zu beauftragen, dass er Roberjot und Bonnier niedermetzeln lasse, es genügte vollkommen, wenn er seinen Werkzeugen aufgab, die Gesandtschaft in Rastatt zu benutzen, ähnlich wie diejenige in Rom und in Wien verwerthet worden waren, um das Kriegsfeuer anzuschüren. Der Wiederausbruch der Feindseligkeiten genügte, wie gesagt, nicht: er brauchte eine That, welche durch keinerlei Satisfaktion wieder gut gemacht werden konnte und die auf lange hinaus einen Friedensschluss unmöglich machte. Ein solches Attentat wäre, wie Talleyrand in seinem ersten Schreiben an Thugut bezüglich der Affaire Bernadotte bemerkt hatte[1]), gewesen, wenn dieser dabei um's Leben

---

[1]) Abgedr. bei Vivenot, Zur Geschichte des Rastatter Congresses, p. 156 f.

gekommen wäre; ein solches Attentat war die Niedermetzelung der Friedensgesandten bei ihrer Abfahrt aus Rastatt. Von einem blossen Vergnügen Bonaparte's dabei oder einem Post festum kann nach dem Ausgeführten nicht die Rede sein. Ueberdies würde das Post festum, wenn es wirklich bestände, am allerwenigsten dazu dienen können, Bonaparte zu entlasten; es würde vielmehr einen Anhaltspunkt mehr dafür bieten, dass die That aus der Ferne, ohne ausreichende Kenntniss der augenblicklichen Lage der Dinge, angeordnet worden ist.

Die Katastrophe konnte übrigens nur nach Wiederausbruch der Feindseligkeiten erfolgen, indem sie zur Voraussetzung hatte, dass die Oesterreicher bis an den Rhein vorrücken würden. Geschah dieses, und es war vorauszusehen, dass die Franzosen es nicht würden verhindern können, dann war der Congressort von den österreichischen Heeren überfluthet. Dieses war um so bedenklicher, als die Franzosen, i. e. Bonaparte, die Erklärung der Neutralität Rastatts bei Eröffnung des Congresses als überflüssig von der Hand gewiesen hatten.[1] Dass die Oesterreicher keine Vertreter der französischen Republik innerhalb ihrer Linien dulden würden, hatten sie schon durch die Ausweisung derselben aus Regensburg und München bewiesen. Der Congress war nach Abreise des Kaiserlichen Plenipotentiars nicht mehr beschlussfähig. Trotzdem blieben die französischen Gesandten hartnäckig in Rastatt. Den Befehl dazu erhielten sie von Talleyrand. In einer Note vom 10. April wies er sie an, auszuharren, und wenn sie allein zurückbleiben sollten! Jede Beleidigung, die ihnen durch die Oesterreicher angethan werden sollte, würde auf diese zurückfallen; es sei an der Zeit, den Despotismus des östreichischen Monarchen und die Knechtung des deutschen Reiches auf jede erdenkliche Weise an den

---

[1] S. Eggers, Briefe, I, 333.

Tag zu legen. „Ich wiederhole es," so heisst es wörtlich am Schlusse der Depesche, „bleibet in Rastatt — bis Ihr durch die militairische Gewalt ausgewiesen werdet." Die Gesandten befolgten nicht nur diesen Befehl, sondern reisten obendrein, trotzdem ihnen der österreichische Befehlshaber eine Eskorte verweigerte, zur Nachtzeit ab! Wenige Tage früher hätten sie vollkommen unbehelligt und ohne dazu gezwungen zu werden, aufbrechen können.

Um Raub kann es sich bei dem nächtlichen Ueberfall nicht gehandelt haben, indem die bepackten Wagen, mit sammt den darin befindlichen Werthsachen im Wesentlichen unversehrt nach Rastatt herein gebracht worden sind; um Beschlagnahme der Papiere ebenso wenig, indem diese zum Theil auf der Landstrasse und im Murgkanal aufgefunden worden sind; um einfachen Mord endlich auch nicht, denn ausser den Gesandten selbst ist kein Mensch zu Schaden gekommen. Auf diese allein ist es abgesehen gewesen, und so kennzeichnet sich die That unbedingt als ein politischer Akt.

Welchen Vortheil die Oesterreicher sich aus dem blutigen Ereigniss hätten versprechen sollen, ist absolut nicht abzusehen: sie konnten durch dasselbe offenbar nur die empfindlichste Schädigung erleiden. Umgekehrt die Franzosen, welche keinen Augenblick versäumt haben, dasselbe genau in der Weise auszubeuten, wie es Talleyrand in seiner Note vom 10. April zum Voraus in Aussicht gestellt hatte. Jean Debry benutzt die Theilnahme, die ihm, dem durch ein Wunder Entkommenen, von allen Seiten in Rastatt entgegengetragen wird, auf das Geschickteste, um die Deutschen, namentlich die Preussen, in ihrer Abneigung gegen Oesterreich zu bestärken und sie durch allerhand Schmeicheleien, Dank und Versprechungen mit Frankreich solidarisch zu machen. Dasselbe thun, wie ich ausführlich nachgewiesen habe, Talleyrand in Paris und Siéyès in Berlin. In Paris selbst ward, um das französische Volk aus seiner Lethargie aufzurütteln und zur Rache zu reizen, eine in's Lächerliche pomphafte Leichenfeier inscenirt. Endlich diente die That den Gegnern des Direktoriums, also in erster Linie den Bonapartisten, als Waffe, indem sie die Regierung selbst in Flugschriften u. s. w. beschuldigten, ihre Gesandten haben umbringen zu lassen, aus Furcht davor, dass diese bei ihrer Rückkehr, zu ihrer eigenen Rechtfertigung, hätten verrathen können, wie sie durch die ihnen gewordenen Instruktionen verhindert worden seien, den Frieden zum Abschluss zu bringen. Jean Debry selbst liess gesprächsweise fallen, dass dem Direktorium der Tod von Bonnier und Roberjot nur erwünscht gewesen sein könne. Napoleon hat sogar noch auf St. Helena das Direktorium verdächtigt. Und so war die grauenvolle Mordthat wie keine andere dazu angethan: die kriegerischen Leidenschaften der Franzosen frisch zu wecken und den Friedensschluss mit Oesterreich zu hintertreiben; die deutschen Mächte, insbesondere Preussen, von der Coalition fern zu halten; die Hofburg an der Donau und zugleich das Direktorium an der Seine zu compromittiren; endlich Bonnier und Roberjot mundtodt zu machen, welche von Denjenigen, die sie niedersäbelten, bekanntlich nicht eher verlassen wurden, bis sie ausgeröchelt hatten. In welchem M a a s s e es den Interessirten geglückt ist, das Ereigniss dahin auszunutzen, ist eine Frage für sich, jedenfalls lässt sich von dieser vorauszusehenden Wirkung am Sichersten auf die treibenden Beweggründe der Urheber schliessen. Das „Is fecit cui prodest" kann nicht deutlicher auf die Franzosen und insbesondere die Bonapartisten weisen, als es hier geschieht.

Für Herrn v. Wegele sind das Alles nur „allgemeine Behauptungen."

Es steht nicht einmal fest, dass die Oesterreicher den Befehl ertheilt haben, die Papiere der Gesandtschaft in

Beschlag zu nehmen. Ich selbst bin in dieser Annahme schon zu weit gegangen, indem ich aus dem Umstande, dass General von Gayer am 18. April befürchtet, das Nest, d. h. Rastatt, leer zu finden, geschlossen habe, dass es sich dabei wirklich um Wegnahme des gesandtschaftlichen Archivs gehandelt habe. Es kann die blosse Ausweisungsordre eine solche Aeusserung bereits veranlasst haben. Alles was wir mit einiger Zuverlässigkeit wissen, ist, dass der Rittmeister Burkhardt in Rastatt, nachdem die Wagen von den Szeklern zurück gebracht worden waren, die Papiere nahm, um sie in's Hauptquartier zu senden. Er kann es auf eigene Verantwortung gethan haben. Im s. g. authentischen Bericht werden die Papiere auffallender Weise gar nicht erwähnt.

Dass gemeine Szekler-Husaren, ohne höhern Befehl und Anleitung, den politischen Mord begangen, d. h. die Gesandten in französischer Sprache angeredet und identifizirt, und diese allein niedergemetzelt haben sollten, ist undenkbar. Es ist überdies noch nicht über allen Zweifel hinaus erwiesen, dass sie wirklich die unmittelbaren Thäter waren. Die badischen Kutscher wissen zwar nicht anders, als dass kaiserliche Husaren sie anhielten und den Mord vollzogen, einer von ihnen will sogar den ungarischen Befehl eines Wachtmeisters oder Corporals gehört haben, allein mit welcher Vorsicht ihre Aussagen aufgenommen werden müssen, habe ich II, 386 bereits hervorgehoben. „Es ist aus den Aussagen schon an sich klar genug", bemerkt bereits Eggers in seinen Briefen über den Congress (I, 426), „dass diese äusserst geängstigten Menschen nicht im Stande waren, auf etwas irgend genau Acht zu geben." Das mit ihnen angestellte Verhör war ein „vorläufiges", äusserst „summarisches". Die Frage, ob es wirklich die Husaren selbst waren, welche die That begingen, ob französisch gesprochen worden ist u. s. w. scheint ihnen gar nicht vorgelegt worden zu sein. Selbst der Umstand, dass Barbasczy an die Gesandten in Rastatt und auch in's österreichische Hauptquartier gemeldet hat, seine Leute hätten die That verübt, ist noch nicht ausreichend, indem bekanntlich wenige Tage darauf die Vermuthung auftauchte, dass sich Emigranten, also Franzosen, unter die Szekler gemengt hätten. Diese Annahme scheint mit der fortschreitenden Untersuchung an Wahrscheinlichkeit gewonnen zu haben. Am 24. Mai 1799, also fast einen vollen Monat nach dem Vorfall, berichtet Thugut an Cobenzl: „Ob wirklich széklerische Huszáren die Thäter waren, ob sie diese That aus Raubsucht oder Irrthum und Missverständniss, oder durch gewöhnliche Insolenz der Franzosen gereizt unternommen haben, beruht zur Stunde noch auf blossen Vermuthungen... Es sind viele Leute, welche vermuthen, dass als Huszáren verkleidete Räuber, deren es in Schwaben viel giebt, gar wohl die That verübt haben könnten. Diejenigen, welche behaupten, dass immer französisch bei dem Vorfall gesprochen wurde, ziehen französische Emigranten in Verdacht. Alle unparteiischen Leute aber können sich hart überreden lassen, dass unsere Huszáren, ohne gereizt zu sein, sich soweit sollten vergangen haben." — Dieses Zeugniss Thugut's zu Gunsten der Szekler fällt um so schwerer in's Gewicht, als von einem Raubmorde oder einer Reizung durch die Franzosen, wie wir die Sachlage kennen, nicht die Rede sein kann. Wir kennen überdies den unzweideutigen Befehl des Erzherzogs Karl, die Unverletzlichkeit der Person der Gesandten auf das Gewissenhafteste zu respektiren. Hätte unter solchen Umständen irgend ein Offizier, der den Mord verursachte, straflos ausgehen können? Sie sind sämmtlich vor Gericht gezogen und — frei gesprochen worden! Und so ist es, wie zur Zeit die Akten liegen, keineswegs erwiesen, dass die Szekler die Mörder gewesen sind, vielmehr ist es mehr als wahrscheinlich, dass die Niedermetzelung zwar innerhalb des Kordons der österreichischen Vorposten verübt worden ist, jedoch nicht von diesen selber, oder doch allerhöchstens von unzurechnungsfähigen Gemeinen, welche dabei einem Kommando folgten, das nicht von ihren ordnungsmässigen Vorgesetzten ausging. Unter solchen Umständen ist es erklärlich, dass die Untersuchung, wie Erzherzog Karl selbst bezeugt, nur ein ungelöstes Räthsel ergeben hat.

Wenn die Beschuldigung der Oesterreicher solcherweise in demselben Maasse als das Aktenmaterial zugenommen und die Forschung sich vertieft hat, an Boden verloren hat, so ist das Verhältniss in Bezug auf die Franzosen und deren Antheil an der That, wie schon bei der Interessenfrage, genau das umgekehrte: je näher und schärfer man zusieht, desto verdächtiger erscheinen diese. Es kann nicht meine Absicht sein, Alles was ich im Buche Bezügliches vorgebracht habe, hier zu wiederholen; ich beschränke mich darauf, die wesentlichsten Momente kurz zu vergegenwärtigen, soweit es nothwendig scheint, um die Einwendungen des Herrn v. Wegele zu erledigen.

Schon die blosse Thatsache, dass der dritte Gesandte nicht mit um's Leben gekommen ist, giebt Angesichts der fürchterlichen Art und Weise wie die beiden anderen zugerichtet worden sind, zu denken. Den „schwerverwundeten" Jean Debry vermochte der badische Major Harrant, trotz des eifrigsten Suchens, weder am Orte der That, noch im umgebenden, lichten Gehölz aufzufinden. Als er nach Tagesanbruch abermals hinausritt und sogar einen Jean Debry befreundeten Diplomaten mitnahm, dessen Stimme dem Vermissten bekannt sein musste, und dieser ihn beständig beim Namen rief, blieb derselbe spurlos verschwunden. Auch die Patrouillen, welche der österreichische Rittmeister aussandte, kehrten unverrichteter Sache zurück. Da plötzlich um 7 Uhr Morgens kommt der vergeblich Gesuchte zu dem preussischen

Gesandten in's Haus gestürzt! Jean Debry war auf das Grauenhafteste zugerichtet: Gesicht, Kopf und Kleidung waren mit Blut und Schmutz überdeckt. Als man ihm mittheilte, dass die Seinigen gerettet seien, warf er — der als ein entschiedener Freigeist bekannt war — sich in die Kniee und dankte Gott. Hierauf begann er — ehe noch Jemand eine Frage an ihn richten konnte — die wahnwitzige Erzählung seiner wunderbaren Rettung. Diese Erzählung, die er in seinem Narré fidèle nicht wohl abändern konnte, weil sie im s. g. authentischen Bericht von den Deutschen wiedergegeben worden war, kennzeichnet sich von Anfang bis zu Ende als — eine Rechtfertigung. Er sucht zu erklären, wie es komme, dass er nicht mit getödtet worden sei, wie er seine verhältnissmässig so geringen Wunden erhalten habe, wie es komme, dass man ihn im Gehölz nicht gefunden habe, wie er endlich unbemerkt durch die Menge vor dem Thore und an der Wache vorbei gekommen sei. Letzteres war nur möglich gewesen, indem er statt des gesandtschaftlichen Dreimasts — eine Bauernmütze auf dem Kopfe hatte; ja er scheint geradezu als Bauer verkleidet gewesen zu sein![1] Den Dreimast will er bei seiner Niedermetzelung verloren haben. Wie kommt es, dass Harrant denselben bei Durchsuchung des Grabens u. s. w. nicht gefunden hat? Die Mütze will er von zwei Bauern bekommen haben, denen er begegnet sei. Wie er, der kein Wort Deutsch verstanden haben dürfte, sich mit diesen verständigt haben soll, ist nicht weniger räthselhaft. Gar dass den so ängstlich Gesuchten nicht gleich Alles umringte! —

---

[1] S. Albini's Tagebuchblatt, welches H. Hüffer in der Westdeutschen Zeitschrift für Geschichte und Kunst veröffentlicht hat. Jahrgang II, Heft II, p. 183. „Als Direktoralis wieder nach Haus kam, vernahm er, dass Jean de Bry, der sich die Nacht in einem Walde gerettet hatte, in Bauernkleidung den Morgen in die Stadt und in die Wohnung des Grafen Görz gekommen sei."

Bei dem ersten Verband seiner Wunden war der dänische Legationsrath Eggers zugegen, er ist der einzige Zeuge, dessen Bericht wir besitzen. „Debry", erzählt er, „fiel beinahe in Ohnmacht. Indess erklärte der Wundarzt die Hauptwunde am linken Arm für gar nicht gefährlich. Ausser dieser Hauptwunde fand sich nur eine andere kleine Verwundung am Arm und eine eben so unbedeutende an der entgegengesetzten Schulter. Am Kopf fanden sich, als er abgewaschen war, blosse Contusionen. Auch das Fieber war nicht stark. Ueberhaupt fand der Wundarzt ihn über alle Erwartung gut." Nach Paris aber lässt Jean Debry durch Rosenstiel melden, dass er dreizehn offene Wunden und 27 Contusionen erhalten habe; es sei wahrscheinlich, dass er den Gebrauch mehrerer Finger verlieren werde. Einige Tage später bezeugt ein ärztliches Attest, welches er sich in Strassburg ausstellen lässt, dass er 10 Wunden auf dem Kopfe, eine auf der Nase, zwei sehr tiefe am linken Arme aufzuweisen habe. Am 24. Mai berichtet jedoch ein royalistischer Agent nach London: „Jean Debry ist so ungeschickt gewesen, zu bald nach Paris zurück zu kehren, er hat keine Spur von den 40 Säbelhieben, die er empfangen zu haben behauptet, er scheint kaum mit Absicht gekratzt worden zu sein u. s. w." Desgleichen am 12. Juni der Sekretair der preussischen Gesandtschaft nach Berlin: „Ich habe an Jean Debry Nichts bemerkt, was den Mann mit den 40 Wunden verriethe. Er trägt in der That den Arm in der Binde, aber mit sehr viel Anmuth. Eine leichte Zerkratzung an der Nase ist die einzige Verletzung, die er davongetragen hat — oder die er zu erleiden willig gewesen ist." Ernst Moritz Arndt, der in dem Abgeordnetenhause zugegen war, als Jean Debry die Tribüne bestieg, um über die Mordthat zu berichten, erzählt: „Als er von seinen 24 Wunden sprach, da lachten die meisten seiner Collegen und sahen ihn bedeutend an, als wollten sie sagen: „Zeige denn eine Spur der gefährlichen Wunden, die Du vor vier Wochen erhalten hast."

Die Erzählung Jean Debry's habe ich in ihrem Wortlaute gegeben; ich meine, dass sie für sich selber spricht; Herr v. Wegele scheint sie durchaus glaubwürdig zu finden: er hat kein Wort gegen dieselbe einzuwenden! Alle die Zeugnisse, die ich bezüglich der wahren Beschaffenheit seiner Wunden, im Unterschiede von den ebenso tollen als hartnäckigen Behauptungen Jean Debry's selber, beibringe, haben für Herrn v. Wegele nicht den geringsten Werth. Ueber Eggers springt er einfach hinweg; der Bericht eines royalistischen Agenten kann nur ein verleumderischer sein; dass derselbe Agent 14 Tage vordem in gutem Glauben gemeldet hatte, die Oesterreicher hätten die Mordthat begangen, und dass er sich nachträglich selbst berichtigt, macht auf Herrn v. Wegele ebenso wenig Eindruck, wie dass dieser Bericht durch denjenigen des preussischen Gesandtschaftssekretairs fast wörtlich bestätigt wird; dieser letztere wird als werthlos bei Seite gelegt, weil er nicht vom Gesandten selbst herrührt! In Bezug auf Ernst Moritz Arndt endlich verweist mich Herr v. Wegele auf H. Hüffer (Rastatter Congress, p. 332, Anm.), wo Arndt's Mittheilungen angeblich widerlegt werden, d. h. H. Hüffer zeiht Arndt der Uebertreibung, weil — man höre! — der Bericht im Moniteur mit dessen Erzählung nicht übereinstimme und — „Jean Debry gar nicht sagen konnte, was Arndt ihn sagen lässt, wenn er sich nicht mit seinen offiziellen Berichten in Widerspruch setzen wollte, die über seine Wunden Nichts enthalten, was nicht durch deutsche Gesandte bestätigt würde." Die 13, respektive 40 Wunden, über welche im Moniteur offiziell berichtet wird, wären Nichts, als was durch deutsche Gesandte bestätigt würde? Und der Eindruck, den Jean Debry auf Arndt machte? Und die grossen Augen und das Lachen der Abgeordneten? Ist das auch Alles Erfindung, weil davon Nichts im Moniteur steht? Diese Argumentation H. Hüffer's hat Herrn v. Wegele dermassen imponirt, dass er entrüstet ausruft: „Böhtlingk kennt das erwähnte Buch von Hüffer recht gut und beruft sich wohl auch sonst darauf, aber in diesem Falle nimmt er keine Notiz davon." Er hält es offenbar für unmöglich, diese für Arndt und mich gleich vernichtenden Einwände zu entkräften. Was Herrn v. Wegele unmöglich dünkt, ist mir — unnöthig erschienen.

Eggers, der Bericht des englischen Agenten, derjenige des preussischen Gesandtschaftssekretairs, E. M. Arndt, sämmtliche von mir beigebrachten Zeugen werden mir Nichts dir Nichts über Bord geworfen, als wären sie blosse Ausgeburten meiner kriminalistischen Phantasie, dafür „bezeugt ganz Rastatt" (ganz Rastatt!), bezeugen „alle Mitglieder der Reichsdeputation," — Was? — „Dass Jean Debry verwundet war, dass er am Morgen des 29. April nach Rastatt zurückkehrte." — Verwundet? — Was Herr von Wegele nicht Alles ausgefunden hat! Wer in aller Welt hat denn jemals behauptet, dass er nicht verwundet nach Rastatt zurückgekehrt sei?! Doch nicht etwa ich, der ich mich so weitläufig über seine Wunden auslasse? — Doch! Doch! — „Böhtlingk, der an die Verwundung Debry's nicht glaubt, eifert Herr von Wegele, ignorirt" — Ignorirt Was? — „die „unanfechtbare" Erzählung, wonach der Schulze von Rheinau ausgesagt hätte, dass Szekler-Husaren bei ihm nachgefragt hätten nach einem verwundeten Franzosen. Der Schulze sollte, falls derselbe sich blicken liesse, ihn bei sich behalten, bis die Husaren wiederkämen, oder ihn sofort nach Muggensturm schaffen." Allerdings erwähne ich in meiner gedrängten Darstellung diese „unanfechtbare" Erzählung nicht, aber nur, weil meines Erachtens sich aus derselben ebenso viel zu Gunsten als zu Ungunsten der Szekler folgern lässt. Mir scheint Nichts natürlicher, als dass die Patrouillen, die der Rittmeister auf Drängen der deutschen Gesandten auf die Suche nach Jean Debry ausschickte, um ihn womöglich zu retten, auch beim Schulzen in Rheinau Nachfrage gehalten und diesem aufgegeben haben, ja dafür zu sorgen, dass derselbe nicht etwa den gegen die Franzosen auf's Höchste erbitterten Bauern in die Hände gerathe; es ist auch möglich, dass die wirklichen Mörder, wenn sie mit Jean Debry im Einverständniss waren und in Szekler-Uniformen steckten, diese List anwandten, um jeden Verdacht von Jean Debry abzuwenden; beide Annahmen erscheinen weit zulässiger, als aus dieser „unanfechtbaren" Erzählung folgern zu wollen, dass die Szekler den Entkommenen nachträglich noch einzubringen, oder, wie sich Herr von Wegele ausdrückt, wenigstens „dingfest" zu machen suchten.

Diese „unanfechtbare" Erzählung, die ich so freventlich „ignorire", dient Herrn von Wegele überdies noch dazu, mich zu überzeugen, dass — Jean Debry sich die Wunden unmöglich selbst beigebracht haben kann. „Woher wussten denn die Szekler, fragt er triumphirend, dass Debry verwundet war, wenn er sich die Wunden selbst beigebracht hatte?" Als wenn sie Angesichts der Leichname von Bonnier und Roberjot und der Aussagen der Franzosen nicht mit allen Andern als wahrscheinlich annehmen mussten, dass der Vermisste wenigstens verwundet worden sei?

Wann und wo, fragt Herr von Wegele, soll Jean Debry sich die Wunden beigebracht haben? Seine Phantasie reiche nicht aus, auf diese Frage zu antworten! Nun, wenn Herr von Wegele es durchaus wissen will, in der Nacht vom 28. zum 29. April, und zwar dort, wo er sich während derselben versteckt gehalten hat: im Forsthaus, in welchem

Rosenstiel eine Zuflucht gewonnen hatte, in dem hinteren Theil des Schlosses, in einem Bauernhause — oder wo er sonst untergekrochen sein mag! Denn dass er die Nacht und die ersten Morgenstunden im lichten Gehölz vor der Stadt zugebracht hatte, welches von Freund und Feind so sorgsam abgesucht worden ist, das eben ist es, was ich — um mit Herrn Schirren zu reden — meines „übelverstandenen" Scharfsinns wegen, bezweifeln zu müssen glaube.

Von allen Jean Debry belastenden Momenten wiegt offenbar keiner schwerer, als die Thatsache, dass die Wittwe Roberjot ihn der Ermordung ihres Mannes direkt beschuldigt hat. Der englische Agent, der, ich wiederhole es, zunächst nicht daran gezweifelt hatte, dass die Oesterreicher das Verbrechen begangen hätten, berichtet darüber am 24. Mai nach London: „Heute geht die verbreitetste Meinung bezüglich der Niedermetzelung der Rastatter Bevollmächtigten, selbst unter den Mitgliedern der Regierung dahin, dass Jean Debry das geheime Werkzeug bei derselben gewesen sei. Die Wittwe Roberjot sagt Jedem, der es hören will, sie sei gewiss, dass Jean Debry das Complott gesponnen und geleitet habe." Der preussische Gesandtschaftssekretair seinerseits schreibt am 12. Juni nach Berlin: „Madame Roberjot hat die Einladung, welche ihr das Direktorium hatte zukommen lassen, damit sie der Trauerfeier zu Ehren der ermordeten Gesandten beiwohne, abgelehnt. Sie will Jean Debry nicht sehen und beschuldigt ihn, der Verschwörung gegen ihren Gemahl und Bonnier zum Werkzeug gedient zu haben. Sie spricht so laut und mit so wenig Rücksicht auf den Hass der Direktoren gegen die beiden ermordeten Gesandten, dass ihre Freunde in grösster Besorgniss sind. Die Partei des Direktoriums möchte sie für wahnsinnig ausgeben, allein sie wird das Publikum von diesem angeblichen Wahnsinn schwerlich überzeugen." Kann die Thatsache, dass Madame Roberjot den

Jean Debry beschuldigt habe, unter obwaltenden Umständen zuverlässiger und klarer constatirt werden, als es durch diese zwei von einander unabhängigen Berichte geschieht? Derjenige des englischen Agenten ist um so werthvoller, als derselbe sich nicht damit begnügt, die Thatsache zu berichten, sondern die Version auch auf ihre Wahrscheinlichkeit hin prüft. (Vergl. II, 398—400.)

Die zwei Seiten meines Buches, auf denen dieses Alles zu lesen steht, haben Herrn von Wegele dermaassen aus dem Concept gebracht, dass er verzweifelt ausruft: „Ueberhaupt was wir auf Seite 398 und 399 bei dieser Gelegenheit alles zu hören bekommen, übersteigt das Maass des Erträglichen." Dank Herrn von Wegele's streng wissenschaftlicher Methode ergiebt sich: „Was Böhtlingk von dem spätern Benehmen der Frau Roberjot und dem angeblich in ihr gegen Debry als Mörder ihres Gemahls erwachten Verdachte vorbringt", kurzweg als „unhaltbar". Der englische Agent, lautet die schlagende Beweisführung, ist ein Royalist, also — Nichts. Der preussische Berichterstatter ist nicht der Gesandte Sandoz Rollin selbst, sondern nur sein Sekretair Roux, also ebenfalls — Nichts. Und damit ist die Thatsache, dass die Wittwe Roberjot den Jean Debry beschuldigt habe — glücklich aus der Welt!

Um die Glaubwürdigkeit des in beiden angezogenen Dokumenten geäusserten Verdachtes einer möglichst scharfen Probe zu unterwerfen, habe ich mir gesagt: „Wenn die Wittwe Roberjot wirklich Jean Debry in dieser Weise beschuldigt hat und das mit Recht, so muss dieser, als er ihr in Gegenwart der deutschen Gesandten in Rastatt begegnete, einen verzweifelt schweren Stand gehabt haben. Ich wüsste nicht, was er mehr hätte fürchten sollen, als eine Confrontation mit ihr. Diese Prüfung ist ihm jedoch erspart geblieben. Aus den Akten ergiebt sich — auffallend genug! — dass

Jean Debry die bejammernswerthe Wittwe seines ermordeten Collegen in Rastatt gar nicht begrüsst hat; sie haben sich frühestens in Plittersdorf bei der Ueberfahrt über den Rhein wieder gesehen. Diese Thatsache bestreitet Herr von Wegele nicht, allein sie dient ihm nur zu einem verschärften Tadel gegen mich. Dass ich überhaupt die Frage nach der Confrontation aufwerfe, erachtet er für unerlaubt. „Wer," ruft er, „hätte darauf dringen sollen?" — Wer? — Jene deutschen Gesandten, meine ich, welche sich berufen fühlten, über den Vorfall einen unparteiischen, authentischen Bericht zu publiciren, und nicht einmal die verschiedenen Personen der französischen Gesandtschaft ausgefragt und deren Aussagen mit einander verglichen haben! Vergeblich hat der Legationsrath Eggers damals seine Beredsamkeit aufgeboten (s. Brief I, 388 ff.), um dieses zu bewirken, der Augenblick wurde versäumt. „So ausgemacht es mir scheint, dass die Wahrheit jetzt nie an den Tag kommen wird, schreibt Eggers daher 1809, so gewiss bin ich, sie wäre auf das vollkommenste ausgemittelt, wenn man meinen Vorschlag gehörig befolgt hätte." Die Gesandten hatten gefürchtet, sich zu compromittiren. Der Freiherr von Albini, der als der Vertreter des Kurfürsten von Mainz, des Erzkanzlers des Reiches, der Friedensdeputation vorsass, ist bereits am Morgen des 29. April abgereist. Die Interessen seines Herrn glaubte er hinreichend wahrgenommen zu haben, dadurch, dass er sich mit eigenen Augen überzeugte, dass Jean Debry in Sicherheit sei. Er hatte diesen in dem bekannten grauenhaften Zustande, bei dem Grafen Görz auf dem Sopha sitzend, angetroffen. Jean Debry hatte ihm, wie Albini in seinem Tagebuch sorgfältig anmerkt, sofort die Hand gereicht, was als Beweis dafür gelten konnte, dass derselbe ihm nach dem Mordanfall, und zwar jetzt erst recht, gut Freund geblieben sei. Die Untersuchung des Vorfalls überliess Albini getrost dem badischen Minister von Edelsheim. Das war in der That weit bequemer und klüger, als sich in einer so heiklen Angelegenheit die Finger zu verbrennen und es mit der Hofburg in Wien, mit der er ohnedies auf gespanntem Fusse stand, vollends zu verderben, oder gar, was noch weit gefährlicher schien, sich mit jenen Franzosen zu überwerfen, um deren Gunst er mit so vielen anderen Vertretern der deutschen Reichsstände bisher eifrig gebuhlt hatte. —

Um auf die Wittwe Roberjot zurück zu kommen. Was die deutschen Gesandten in Rastatt versäumt haben, hat bekanntlich Jean Debry auf seine Weise nachgeholt, indem er, in Strassburg angelangt, die Aussagen des Gesandtschaftspersonals veröffentlichte. Unter diesen Aussagen, die alle nur den Zweck haben, zu beweisen, dass der Mord wirklich von der österreichischen Regierung anbefohlen, Debry nur durch ein Wunder entkommen, das ganze Personal misshandelt und ausgeplündert worden ist, befindet sich auch eine „Deklaration" der Wittwe Roberjot. Auch sie bezeugt, gleich allen Uebrigen, dass es eben jene Szekler waren, welche Rastatt besetzt hatten, die den Ueberfall bewerkstelligten. Dieselben fallen über die ersten Wagen her und schlagen allenthalben drein (portant des coups de sabre partout). Derjenige, der den ersten Hieb gegen ihren Mann führte, hatte das Aussehen eines „Offiziers". Der Wagen, in welchem sie sich befand, ward wiederholentlich vollständig ausgeplündert u. s. w. Letzteres hatte schon ihr Kammerdiener in Rastatt behauptet. Dieser versicherte nämlich, dass man sowohl ihm wie auch der Frau Roberjot selber die bei sich gehabten Uhren und Gelder abgenommen habe. Dagegen berichten die deutschen Gesandten: „Doch haben einige von uns bemerkt, dass der Wagen noch nicht ganz ausgeplündert war, sondern auf dem Boden verschiedene Beutel und Sachen von Werth lagen." Also ist vorstehende Behauptung erwiesenermaassen unwahr. „Um 8 Uhr Morgens, ungefähr", heisst es gegen den Schluss der Deklaration, „ward mir gemeldet, dass der Bürger Jean Debry, **durch ein Wunder dem Tode entgangen**, eben nach Rastatt zurückgekehrt sei, mit Wunden bedeckt, und sich zu dem Grafen Görz, dem ersten preussischen Bevollmächtigten, in's Haus gerettet habe. Kurze Zeit darauf kam Frau Debry mit ihren beiden Töchtern, um mich bei Herrn Jacobi, dem zweiten preussischen Gesandten, zu besuchen. Ich sah wie sie von meinem Unglück tief ergriffen waren; ich sagte ihnen schluchzend: „Ah! que vous êtes heureuses! . . . Il est blessé, mais il vit!" Jean Debry selbst erblickt sie zum ersten Mal in Plittersdorf, indem sie sich auf die Fähre begaben. „Wir stiegen aus den Wagen. Da fand ich den Bürger Debry, **der mich weinend umarmte. — Er befand sich in einem bemitleidenswerthen Zustande.**" So dient diese „Deklaration" der Wittwe Roberjot vor Allem dazu, um zu beweisen, dass Jean Debry wirklich nur durch ein Wunder gerettet und schwer verwundet worden sei und dass — wenn es ja Jemand bezweifeln sollte! — sowohl seine Damen, wie auch er selber (wenn auch etwas spät!) ihr die aufrichtigste Theilnahme in unzweideutigster Weise bezeugt haben! Dass ein solches Zeugniss der Wittwe Roberjot überhaupt von Jean Debry wünschenswerth befunden wurde, ist schon verdächtig, dass ihm jene Wittwe Roberjot, wie wir sie kennen, dasselbe in dieser Weise sollte ausgestellt haben — undenkbar, es müsste denn geschehen sein zu einer Zeit, da sie gegen ihn noch keinen Verdacht hegte. Mir scheint es überdies zweifelhaft, ob Jean Debry sie in Plittersdorf wirklich begrüsst hat. Die Unglückliche bekam, als sie Rastatt wieder verliess, einen neuen Anfall von Krämpfen, so dass sie mehr todt als lebendig die Reise antrat. Unter solchen Umständen ist es höchst unwahrscheinlich, dass man sie in

Plittersdorf hat aussteigen lassen; dass die Wagen mit über den Rhein transportirt worden sind, wird im sogenannten authentischen Bericht ausdrücklich erwähnt. Und so halte ich diese von J. Debry gedruckte Deklaration der Wittwe Roberjot zugleich aus äusseren und inneren Gründen für eine dreiste Fälschung, welche das Beweismaterial zu Ungunsten J. Debry's nur noch vermehrt.

Für Herrn v. Wegele sind alle diese meine Schlussfolgerungen ebenso viele Frevelthaten. Jean Debry hat die arme Wittwe Roberjot in Plittersdorf, am Ufer des Rheins, weinend umarmt, sie bezeugt es selber, — und da soll noch Jemand wagen, dem „angeblich in ihr gegen Debry als Mörder ihres Gemahls erwachten Verdachte" irgend welche Aufmerksamkeit zuzuwenden! Mein Verfahren dünkt ihm ein „wohlfeiles, bei dem in der That alles aufhört".

Ich habe u. A. auch auf die Reihenfolge der Wagen aufmerksam gemacht: dass Jean Debry, obgleich dem Range nach nicht der Erste, den Zug eröffnete; das der nächste Wagen, der ihm folgte, nicht von einem badischen Kutscher geführt wurde, sondern von seinem Privatkutscher, der nachträglich in Strassburg Beliebiges zu Protokoll geben konnte; dass der badische Kutscher, welcher Jean Debry fuhr, der einzige ist, welcher einen Säbelhieb erhalten hat, so dass er sich zwischen seinen Gäulen niederliess und folglich Nichts mehr sehen konnte; dass der badische Kutscher, welcher als Dritter in der Reihe hinter Debry's Privatkutscher kam, den Vorgang am ersten Wagen nicht mehr hat sehen können; dass die Angreifenden am vierten Wagen, in welchem Rosenstiel fuhr, nach Aussage des denselben lenkenden badischen Kutschers, vorüber gesprengt sind bis an den Wagen Roberjot's, ohne den Kutscher auch nur zu fragen, Wen er fahre; dass demnach die Mörder die Reihenfolge der Wagen gekannt haben müssen; dass sie diese schwerlich anderswo als im ersten Wagen, in welchem Jean Debry fuhr, erfahren haben können; dass endlich die so wichtige Aussage des Kutschers, der Rosenstiel im Wagen hatte, im Moniteur nicht mit abgedruckt worden ist!

Alles das sind für Herrn v. Wegele „Dinge von ziemlich kleinlicher Beschaffenheit". Die Szekler hätten, demonstrirt er seinerseits, Bonnier auch im ersten Wagen finden und Jean Debry im vierten verschonen können, wenn sie ihn überhaupt verschonen wollten. „Roberjot fuhr im vorletzten, und sie haben ihn gleichfalls zu finden und zu treffen gewusst." Mit diesen schiefen Trivialitäten, die auf meine Argumentation passen wie die Faust auf's Auge, glaubt Herr v. Wegele mich so gründlich abgefertigt zu haben, dass er frohlockend aufathmet. „Also auch dieser Einwand", schliesst er den bezüglichen Absatz, „kann Nichts beweisen."

Auch der Umstand, dass Jean Debry am 29. April, nach dem Ueberfall, nach seiner angeblichen Ausplünderung! vor der zweiten Abreise, 100 Louisd'or für die Armen in Rastatt zurücklässt, dünkt mir verfänglich. Gewinnt es nicht den Anschein, als hätte er sich durch solche Mittel die Meinung in Rastatt für alle Fälle möglichst günstig stimmen wollen? Das Geld ward bei der Abfahrt in einer Rolle dem badischen Minister von Edelsheim eingehändigt, dem die Untersuchung der Mordgeschichte zunächst oblag, und zwar nicht von J. Debry selber, sondern von seiner Frau. Hätte Herr v. Edelsheim bestochen werden sollen, wie konnte es auf eine zartere, geschicktere Art und Weise bewerkstelligt werden? — Ueberhaupt zeigte sich J. Debry sehr freigebig; sogar die Szekler, welche die Gesandtschaft an den Rhein eskortirten, erhielten ein Douceur, jene Szekler, unter denen die Franzosen, wie Jean Debry's Privatsekretair ausdrücklich bezeugt, die Mörder selbst erkannten, und von denen Jean Debry in seinem Narré fidèle erzählt, dass sie, die zum Korps der Mörder von gestern gehörten, sich während der Fahrt von Zeit zu Zeit nach ihm umgesehen hätten, als hätten sie ihm gar zu gern noch nachträglich den Garaus gemacht. Was ihn beruhigte, war die Anwesenheit des preussischen Gesandtschaftssekretairs Jordan, der neben seinem Wagenschlage ritt; „ein junger Mann von Entschlossenheit", wie er bemerkt, von dem er überzeugt war, dass er sein Leben daran gesetzt hätte, um ihn zu schützen. Diesen Szeklern gab er zum Abschied ein Douceur! Freilich waren es, wie ein so glaubhafter Mann wie sein Privatsekretair Belin gewissenhaft bezeugt, nur 48 Frcs. Den gleichen Betrag hätte er dem Major von Harrant für die Badenser gegeben. Ausserdem hielt Jean Debry, wie wir aus dem sogenannten authentischen Berichte wissen, eine Anrede an die Szekler, denen er für das Geleite dankte. „Wenn je einige von dem Regimente", liess er ihnen durch den Major v. Harrant sagen, „durch das Kriegsglück in die Hände seiner Nation fielen, so werde er, Jean Debry, alles thun, damit nur dieser letzten Handlung gedacht, durch sie jede Empfindung von Rache verdrängt würde."

Herr v. Wegele hat meine bezüglichen Andeutungen gar nicht verstanden. Er glaubt, dass es sich ausschliesslich um die Geldsumme gehandelt habe. „Als wenn selbst für den Fall, dass auch seine Frau ausgeplündert wäre, Debry in Rastatt sich nicht die Mittel für die Reise bis Selz oder Strassburg hätte verschaffen können! Und nun gar eine solche Lumperei wie jenes „gute Trinkgeld!" — Am allerwenigsten kann mir Herr v. Wegele verzeihen, dass ich von den 100 Louisd'or für die Armen gesprochen habe, als hätte Debry diese in Person dem Herrn v. Edelsheim eingehändigt, während es doch im authentischen Bericht heisst, dass es dessen Frau gewesen sei, also nicht Er! „Es hat Niemand ein Recht", wird mir bei dieser Gelegenheit zugerufen, „die in

Rede stehende Angabe des authentischen Berichtes in dieser Weise abzuändern." Also eine Urkundenfälschung!

Nicht nur die Wittwe Roberjot beschuldigte, wie wir wissen, Jean Debry, den Ueberfall mit angesponnen und geleitet zu haben, diese Deutung der Katastrophe vor Rastatt war auch nicht nur in anonymen Flugschriften verbreitet (zu denen u. A. auch die fingirten Berichte des Obersten Barbascy zu zählen sind, welche Häberlin in seinem Staats-Archiv VII, 254 f. abgedruckt hat), es war dieses bald die verbreiteteste Meinung in Paris, bis in die Regierungskreise hinauf konnte man dieselbe zu hören bekommen! Jean Debry — dem Märtyrer! — ward es unter solchen Umständen bald so unheimlich in Frankreich, dass er an einen ihn befreundeten Diplomaten in Deutschland schrieb und ihn um eine Zufluchtsstätte im Nothfall bat. Dass ich dieses Schreiben Debry's mit der über den Mord verbreiteten Meinung in Paris in Zusammenhang bringe, will Herr v. Wegele natürlich nicht dulden. Ich soll ihm erklären, welche Machthaber J. Debry fürchtete. Als wenn nicht schon der Umstand, dass Niemand an seine Wunden recht glauben wollte, und sogar seine Collegen im Abgeordnetenhaus ihn misstrauisch anlächelten, ausreichend für ihn gewesen wäre, sich hundert Meilen weit fort zu wünschen, in den Kreis seiner vertrauensseligen, ihn so tief bemitleidenden deutschen Collegen?! Diesen Brief J. Debry's, der die Mittheilungen der beiden Berichterstatter aus Paris und E. M. Arndt's in so schlagender Weise erhärtet, würde Herr v. Wegele für sein Leben gern ebenfalls in's Reich des Nichts verweisen; er betont, dass wir das Datum desselben nicht wissen und dass vor allem das Schreiben selbst nicht vorliegt, welches wir leider nur durch Erwähnung desselben in einem Briefe Lehrbach's kennen, und das genügt denn auch, dass es, wenigstens für Herrn v. Wegele, so gut wie nicht mehr vorhanden ist. Meine „Verdächtigungsmanie" ist solcherweise abermals eklatant an den Tag gelegt und er kann auch über dieses Schreiben von J. Debry getrost zur Tagesordnung übergehen.

Dass Jean Debry nach Jahr und Tag Hans v. Gagern, als ihn dieser in Besançon besucht, das blutige Hemd zeigt, welches er in der Nacht vom 28. zum 29. April angehabt hatte, und sich bei ihm einzuschmeicheln sucht, indem er seine Rettung dem Segensspruch zuschreibt, der ihm von Gagern's Vater auf dem Wege nach dem Thor durch's Fenster zugerufen worden sei, diese Thatsache macht mit anderen ähnlichen auf Herrn v. Wegele nicht den mindesten Eindruck, er würdigt dieselbe gar keiner Beachtung; und doch fallen bei der vorliegenden Frage diese psychologischen Momente schwer in's Gewicht, namentlich auch bei Beurtheilung des Narré fidèle u. s. w.

Ist der Verdacht, den ich gegen J. Debry hege, berechtigt, hat er wirklich das Complott mit geleitet, so ist es fast unumgänglich nothwendig, dass die übrigen 'Mitglieder der Gesandtschaft zum Mindesten Connivenz geübt nnd schliesslich mit ihm gemeinsame Sache gemacht haben, wenn auch nur dadurch, dass sie ihn nicht verriethen. In der That deuten die Aussagen und das Benehmen des Gefolges nur zu sehr auf Einverständniss mit ihm. Selbst der sonst gut beleumdete Gesandtschaftssekretair Rosenstiel erscheint in hohem Grade verdächtig. Als der ihm befreundete dänische Legationsrath Eggers einige Stunden nach dem Ueberfall bei ihm eintrat, meinte er einen Wahnsinnigen zu sehen. „Sie sind ein Däne", rief ihm Rosenstiel entgegen, „ein ehrlicher Mann, Sie wollen mich nicht morden. Erbarmen Sie sich meiner Frau und Kinder". Einen Augenblick darauf kannte er ihn schon nicht mehr. Sein Znstand schien ein solcher, dass an ein Verhör nicht zu denken war. Bei der zweiten

Abfahrt empfahl er die Seinen, die schon längst mit Jean Debry's jüngeren Kindern in Strassburg waren, seinem Schwager Weiland. Jean Debry nahm von Frau und Töchtern und Rosenstiel den rührendsten Abschied. „Wir gehen in den Tod, wir werden gemordet!" hörte man sie sich zuflüstern. — Ich habe (II, 403) auch darauf hingewiesen, dass die Erzählung Rosenstiel's über seine Erlebnisse in der Schreckensnacht, wie er sie später zu Protokoll gegeben hat, mit der Aussage des badischen Kutschers, der ihn fuhr, nicht in Einklang zu bringen ist. Der Kutscher sagt aus: „An seine Chaise sei kein Husar gekommen, auch keine Frage erfolgt, wen er fahre? Wie er denn erst bei gelegentlichem Umschauen nach des Roberjot Chaise und dem Vorgang an der des Ministers Bonnier gesehen, dass er niemand mehr im Fuhrwerk habe." Dagegen hätte Rosenstiel in seiner Deklaration angegeben, dass er von den Szeklern „aus dem Wagen gezerrt, misshandelt und geplündert" worden sei. Letzteres ist falsch. Ich habe hier die Aussagen des Privatsekretairs Jean Debry's mit denjenigen des Gesandtschaftssekretairs verwechselt. Eine unzureichende Notiz hat mich irre geleitet. Ich kann Herrn v. Wegele, der mich auf diesen argen Schnitzer aufmerksam macht, so sehr er mich beschämt, nur dankbar sein. Indess wird das Urtheil über Rosenstiel dadurch nicht umgestossen, indem auch seine Deklaration mit der Aussage des Kutschers durchaus nicht übereinstimmt, sondern nur der Beweis seiner Schuld erschwert. Rosenstiel erzählt: Als die Wagen von den Reitern angehalten wurden, sei sein Diener ausgestiegen, um die Fackeln anzuzünden, dabei sei er unter die Mörder gerathen, welche J. Debry eben niedersäbelten; dieselben packten auch ihn, den Diener Rosenstiel's, und raubten ihm Uhr und Geldbeutel, worauf er sich losriss und athemlos zu seinem Herrn zurückgelaufen kam. Er rief, dass es sich zu retten gelte, öffnete den Wagenschlag, zog Rosenstiel heraus, hob ihn in seine Arme und setzte ihn zur Erde. Rosenstiel stürzte schleunigst in den Wald, nicht ohne erst in den Chausseegraben zu fallen etc. und entkam so den Mördern. Dass der badische Kutscher hiervon so gar nichts gehört und gesehen haben sollte, ist mindestens auffällig. Doch damit ist der Vorgang an seinem Wagen keineswegs erledigt. Rosenstiel erzählt weiter. Auf der Fahrt von Selz nach Strassburg theilt ihm J. Debry's Privatsekretair mit, dass er, Belin, erst fürchterlich misshandelt und schliesslich in Rosenstiel's Wagen gesetzt worden sei. Darauf hätten die Szekler den Koffer losgebunden und geöffnet, die Papiere hinausgeworfen und dann wieder auf den Wagen gebunden, als wenn Nichts geschehen wäre. Auch das hätte der Kutscher nicht bemerkt? Endlich trägt Rosenstiel, als Beleg für die Gefahr, in der auch er geschwebt habe, nach, dass sein Diener, indem er ihn rettete, den Wagenschlag, gegen den Kutschbock gelehnt, offen gelassen habe und dass man die Säbelhiebe der Szekler auf demselben noch deutlich sehen könne. Der badische Kutscher muss wirklich gänzlich taub und blind gewesen sein! Man versteht, wie sehr Rosenstiel selbst daran liegen musste, dass dessen Aussage im Moniteur nicht mit zum Abdruck kam.

Rosenstiel setzt sich aber nicht nur mit den Aussagen des Kutschers in Widerspruch: gemäss seiner Deklaration flüchtet er sofort in's Haus des badischen Gesandten, während ihn doch Eggers im Forsthause aufsucht! Dass auch er, mit allen Uebrigen bezeugen muss, dass J. Debry nur durch ein Wunder gerettet und schwer verwundet worden sei, kann hiernach nicht mehr überraschen. Ueberhaupt ist Rosenstiel fortan mit diesem nur noch Eins. Er ist es, der über die Wunden nach Paris berichtet u. s. w. Er lässt in Strassburg auch eines Tages einen Notar kommen, der ein Protokoll darüber aufnehmen muss, wie Rosenstiel einen

Sack mit den vermissten gesandtschaftlichen Papieren bekommen hat, von einem französischen General, dessen Vorposten ihn von den österreichischen zugeworfen erhalten hätten! Rosenstiel weiss natürlich genau anzugeben, was in dem Sacke fehlt, wie die Papiere sichtlich durchstöbert worden sind und was sonst nöthig war, um zu beweisen, dass dieselben im österreichischen Hauptquartier gewesen sind. Mir will diese ganze Procedur wie eine abgekartete Farce erscheinen. Eine Meinung, die Herrn v. Wegele selbstverständlich abermals höchlich entrüstet. Er schreibt: „Diese wenig würdige und höchst unschickliche Insinuation dürfte Angesichts der von uns nachgewiesenen Verwechslung Rosenstiel's mit Belin jeden Werth verlieren." Welche Logik! Welche Würde! Wer spricht hier von unschicklicher Insinuation?

Da ich in letzter Instanz Bonaparte und seine Helfershelfer für die Unthat verantwortlich zu machen geneigt bin, lag mir ob, zu erweisen, dass J. Debry mit diesen in naher Verbindung stand. Wirklich zählt er nicht nur mit Siéyès, Lucian und Genossen zu den gefährlichsten Gegnern des dermaligen Direktoriums, sondern hat mit Napoleon selbst schon länger nähere Beziehungen gehabt. Schon im Herbst 1795 hat ihm J. Debry einen namhaften Dienst geleistet, indem er zur Zeit, als der undisciplinirbare junge General von der Armeeliste gestrichen worden war und das Erdenkliche aufbot, um wieder rehabilitirt zu werden, als Mitglied der Kriegscommission, nach gehabter Besprechung mit Bonaparte, ein Gutachten zu seinen Gunsten abgab. Nach Rastatt war er als dessen Nachfolger gekommen. Auch später hat er sich der Huld Napoleon's jederzeit rühmen können. Dieser machte ihn zum Präfekten in Besançon (nicht Dijon, wie irrthümlich bei mir zu lesen ist und Herr v. Wegele mit Recht rügt). H. Hüffer ist mit dem Biographen J. Debry's

in der Biographie universelle (der dessen Willfährigkeit
gegen Napoleon zu beschönigen sucht und überhaupt das
Mögliche thut, Jean Debry, der später gut königlich und ein
eifriger Katholik wird, zu entschuldigen) der Ansicht, dass
diese Präfektur eher als eine Ungnade aufzufassen sei, denn
als eine Gunstbezeugung. Herr v. Wegele seinerseits giebt
zu, dass Bonaparte ein derartiges Proconsulat nicht dem
ersten Besten anzuvertrauen pflegte. Das Richtige wird wohl
sein, dass Napoleon zwar nicht beanstandete, ihm einen der-
artigen Vertrauensposten zu geben, aber ihn doch zugleich
möglichst aus seinen Augen, aus Paris entfernt wissen wollte,
wo er ihm leicht lästig fallen konnte, wie es bei Gelegenheit
einer Adresse des Tribunats wirklich schon geschehen war.
Es hatte sich nämlich im März 1800 darum gehandelt, dem
Staatsoberhaupt den Wunsch der Nation nach Frieden aus-
zudrücken. Debry war von dem Tribunat zum Wortführer der
bezüglichen Deputation ausersehen worden. Bonaparte erklärte es für unziemlich, dass derselbe bei einer solchen Gelegenheit in den Vordergrund trete. Jean Debry musste daher die von ihm bereits aufgesetzte Rede von einem Anderen
vortragen lassen. Er hatte in derselben u. A. an den „ewig
verabscheuungswürdigen Tag" erinnert, an welchem „der
Olivenzweig des Friedens vor seinen Augen zerhauen worden
war". Bonaparte strich diesen Satz. Jean Debry jedoch
sollte diese Zurechtweisung keineswegs als Ungnade auffassen.
Der erste Consul schrieb ihm wenige Tage darauf: „Wie in
der That ist es möglich, der Hoffnung auf Frieden Ausdruck
zu geben, in Ihrer Gegenwart, ohne zuvor den Wunsch nach
Rache auszusprechen, für einen Affront, welcher in Ihrer
Person der ganzen Nation zugefügt worden ist? Sie würden
mir Unrecht thun, falls Sie an dem Eifer zweifeln wollten,
mit welchem ich die erste Gelegenheit ergreifen werde, um
Ihnen einen Beweis meiner besonderen Hochachtung für Sie

zu geben." Hierauf war J. Debry zum Präfekten in Besançon ernannt worden. Wie die meisten Präfekten, so wurde auch er unter dem Kaiserreich zum Baron mit Majorat und zum Kommandanten der Ehrenlegion ernannt. 1814 hat er trotzdem beim Anmarsch der Royalisten sich beeilt, die weisse Kokarde aufzustecken. 1815 schlug er sich ebenso eifrig wieder zum Kaiser, der ihm jetzt die wichtige Präfektur des Niederrheins mit dem Sitz in Strassburg anvertraute. Es scheint, dass Debry (ob bei dieser Gelegenheit?) noch den Grafentitel erhalten hat. Herr v. Wegele bestreitet Letzteres. „Mit dieser Auszeichnung", meint er, „ist Napoleon bekanntlich viel sparsamer umgegangen." Wirklich? Ich habe den Grafentitel J. Debry's wahrlich nicht erfunden; dass er denselben geführt hat, folgere ich aus einer Notiz bei Thibaudeau, am Schlusse seiner Abhandlung über den Rastatter Congress, wo er angiebt, die auf den Gesandtenmord bezüglichen Aktenstücke, den Brief Napoleon's an Debry etc., von dem Grafen Debry selbst mitgetheilt bekommen zu haben (S. Mémoires de Tous, II, 176. Paris 1834). Hat Herr v. Wegele eine bessere Quelle, vermag er nachzuweisen, dass die Angabe bei Thibaudeau nicht stichhaltig ist, — so soll es mich für Herrn v. Wegele freuen, für die Sache ist die Frage, ob J. Debry Baron oder Graf gewesen ist, ziemlich gleichgültig. Mir lag nur ob, zu beweisen, dass derselbe Napoleon jeder Zeit zu Diensten gewesen ist und dessen Gunst denn auch reichlich genossen hat, und das wagt selbst Herr v. Wegele nicht zu bestreiten.

Ich kann übrigens zum Ueberfluss auf eine Charakteristik J. Debry's aus dem Jahre 1815 verweisen, dieselbe findet sich in dem Werke: „Biographie moderne ou galerie historique etc., Paris, bei Alexis Eymery, 1815." Der Verfasser dieser biographischen Skizze führt zunächst aus, wie J. Debry vom Anbeginn der Revolution die Eifrigsten in ihren Ausschreitungen zu überbieten versucht hat: so beim Sturm gegen das Königthum, so vor Allem im Kampfe gegen das Ausland, wobei er sich dazu verstiegen hat, zu beantragen, dass 100,000 Franken Belohnung ausgesetzt würden für denjenigen, der die Köpfe heimbringe: Kaiser Franz' II., König Friedrich Wilhelm's von Preussen, des Herzogs von Braunschweig und all der andern „wilden Thiere", die diesen glichen. Nach dem 13. Vendémiare, dem 18. Fructidor, dem 18. Brumaire stand er unter den Siegern in vorderster Reihe. Er ward nicht müde, den siegreichen Heeren und insbesondere Bonaparte Lobreden zu halten. Als Mitglied des Tribunats lässt er sich nicht nehmen, den ersten Consul und seinen Sieg bei Marengo zu feiern; beim Friedensschluss besteigt er abermals die Tribüne, um für das Heer und den friedenstiftenden Helden die nationale Dankbarkeit zu beantragen. Den tyrannischen Maassregeln Napoleon's stimmt er regelmässig zu; als Belohnung für diese „Servilität" erhält er die Präfektur in Besançon etc. Bezüglich des Rastatter Mordes bemerkt dieser Biograph vieldeutig genug nur: „Er wird bei dieser Gelegenheit leicht verwundet, während seine beiden Collegen todt auf dem Flecke blieben." Diese Biographie ist, wie wir sehen, das Gegenstück zu derjenigen in der Biographie universelle, dieselbe ist um so beachtenswerther, als der Verfasser, wenn auch ein entschiedener Antibonapartist, sonst durchaus den Eindruck eines maassvollen und unparteiischen Beurtheilers macht; das gilt namentlich auch von seiner Kennzeichnung Bonnier's und Roberjot's, der beiden unglücklichen Collegen J. Debry's.

Angesichts des von seinen eigenen Landsleuten gegen ihn rege gewordenen Argwohns musste J. Debry ausserordentlich viel daran gelegen sein, dass Oesterreich in irgend welcher Form eine öffentliche Genugthuung leistete und sich dadurch in unzweideutiger Weise vor aller Welt schuldig bekannte. Um Erlangung einer solchen Genugthuung hat sich Jean Debry vergeblich bemüht. Während der Unterhandlungen zu Luneville erlaubte sich Joseph Bonaparte zwar, wie wir durch Cobenzl wissen, den Rastatter Gesandtenmord gelegentlich einmal zu erwähnen, aber indem er die „Absurdität" hatte, denselben den Engländern in die Schuhe zu schieben. Damit musste sich J. Debry zufrieden geben. Joseph suchte ihn zu beruhigen, indem er auch ihm schrieb, man (sic!) sei der Ansicht, dass der Mord von den Engländern verübt worden sei, die Deutschen wären nur Augenzeugen desselben gewesen, es sei daher Genugthuung genug, dass man dieses Mal auf französischem Boden mit ihnen verhandelt habe! Das war eine Ausrede, die J. Debry zur Noth verwerthen konnte, um unbequemen Fragern, die um die Ehre der Nation oder auch nur um die seinige besorgt waren, abzuspeisen. Dabei ist es geblieben. Jener Napoleon Bonaparte, der es für unmöglich hielt, in Gegenwart von J. Debry von einem Frieden mit Oesterreich zu sprechen, ohne zuvor Genugthuung erlangt zu haben, für einen Affront, den die ganze Nation in der Person ihres Gesandten erlitten haben sollte, hat eine solche niemals gefordert! Das ist, wie Thibaudeau, a. a. O., mit Recht bemerkt, nur allein dadurch erklärlich, dass er, wie in den Denkwürdigkeiten von St. Helena zu lesen ist, die Mordthat dem französischen Direktorium Schuld gab, also nicht den Oesterreichern! Diesen Umstand hat auch schon Mendelssohn-Bartholdy 1869 mit möglichst grossem Nachdruck hervorgehoben. Wenn meine Hypothese die richtige ist, so konnte allerdings Niemand den wahren Urheber besser kennen als — Napoleon Bonaparte selbst.

Herr v. Wegele ist genau entgegengesetzter Ansicht. Bonaparte war, wie er demonstrirt, zur Zeit der Verhandlungen zu Lüneville an dem Friedensschluss notorisch so viel gelegen, dass er gar nicht wagen durfte, auf den Gesandtenmord zurückzukommen. — Und die Oesterreicher? War ihnen am Friedensschluss weniger gelegen? Sie hätten diesen wirklich abgewiesen, sobald Bonaparte eine Genugthuung forderte für ein Vergehen, welches wie kein anderes in der Vorstellung aller Völker eine solche erheischte? Freilich ist die Voraussetzung dabei, dass die Oesterreicher die Unthat erwiesenermaassen verschuldet hatten! „Und dann", ruft Herr v. Wegele, dem dieser Einwand offenbar nicht ausreichend erscheint, „es lag ja ein langer, blutiger Krieg zwischen!" — In dem Fall des Gesandtschaftssekretairs Basseville nicht? Hat Bonaparte nicht für diesen im Jahr 1793 in Rom umgekommenen Franzosen im Jahre 1796 volle Genugthuung vom Papste verlangt und erhalten? Hatten nicht auch die Opfer des Rastatter Mordes wenigstens auf eine Geldentschädigung Anspruch? Sollte die Wittwe Roberjot, sollte der vierzigfach verwundete J. Debry, sollte das misshandelte und ausgeplünderte Gefolge — leer ausgehen? Doch was vermögen all diese Argumente über Herrn v. Wegele! Für ihn ist es ausgemacht, dass Bonaparte, wie er zwei Mal wiederholt, „für dieses Ereigniss offenbar niemals ein besonderes Interesse gezeigt hat". Dass Napoleon, wie die Denkwürdigkeiten von St. Helena berichten, das Direktorium der Unthat beschuldigt haben sollte, vermag Herr v. Wegele nicht recht zu glauben. Wozu sollte er diesem armen Direktorium, dem er schon ohnedies so erbarmungslos zugesetzt hat, um seine Gewaltthat vom 18. Brumaire zu rechtfertigen, auch noch dieses Verbrechen ohne gleichen aufgebürdet haben? Erzählt uns Lafayette nicht, dass Bonaparte ihm gegenüber Lehrbach als den Attentäter bezeichnet habe? Eben diesen Lehrbach, den auch Talleyrand genannt hat, als Hans v. Gagern in seiner Naivetät den Fuchs der Füchse nach dem Urheber vertraulich befragte. Wie schade, dass selbst Herr v. Sybel die Lehrbach-Legende unseligen Andenkens preisgegeben hat, sonst würde Herr v. Wegele die vernichtenden Zeugnisse eines Bonaparte und Talleyrand gegen meine Hypothese in's Feld führen können! So zeugen diese verleumderischen Andeutungen der beiden grossen Unbescholtenen nur gegen sie selber, zu Gunsten meiner Combination.

Eine eigene Ansicht über den Gesandtenmord versucht Herr v. Wegele gar nicht zu begründen, er beschränkt sich darauf, trotz der 35 Seiten, die er dem Gegenstande widmet, die meinige zurückzuweisen. Im Uebrigen bezieht er sich auf „die neuesten Untersuchungen deutscher Forscher", unter denen er vornehmlich H. v. Sybel, v. Vivenot und H. Hüffer zu verstehen scheint. Ob auch Helfert, der sich von der Schuld der Oesterreicher nicht hat überzeugen können? Ob auch Mendelssohn-Bartholdy, der französische Emigranten für die wahrscheinlichen Urheber hält? Dass wissen die Götter! Jedenfalls aber nicht mich, der ich den Stand der heutigen Forschung mit meiner Hypothese verwechseln soll. Herr v. Wegele's Ansicht lässt sich unter solchen Umständen kaum errathen. Er nimmt an, dass die Szekler den Mord begangen haben, dass demnach die Oesterreicher zur Verantwortung zu ziehen sind, zugleich jedoch hält er es nicht für unmöglich, dass „noch andere rechtsrheinische treibende Kräfte hinter ihnen standen, deren deutscher Charakter jedoch erst noch festgestellt werden müsste". Was Herr v. Wegele unter diesen „anderen rechtsrheinischen treibenden Kräften, deren deutscher Charakter erst noch festgestellt werden müsste", meint, gestehe ich, trotz meines berüchtigten kriminalistischen Scharfsinns, nicht einmal zu ahnen. Soviel scheint jedoch klar, dass nach Herrn v. Wegele zur Zeit noch jede Combination zulässig ist, nur keine, die linksrheinische treibende Kräfte mit in Erwägung zieht, nur nicht die meinige!

Was Herrn v. Wegele am meisten gegen mich in Harnisch gebracht hat, ist nicht sowohl, dass ich Bonaparte für die Greuelthat verantwortlich zu machen geneigt bin, diesen giebt er, wie wir gesehen haben, getrost preis. Nicht so den bemitleidenswerthen J. Debry, in Bezug auf welchen mein ganzes Verfahren von Anfang bis zu Ende als „ebenso unerlaubt als unbillig" gekennzeichnet wird.' Ich gestehe, dass ich mit Jean Debry scharf in's Gericht gegangen bin, ich mag hier oder dort die Farbe etwas stark aufgetragen, ihm zu hart zugesetzt haben, aber doch nur, weil ich mich von seiner Schuld — und das an was für einem Verbrechen! — zuvor überzeugt hatte. Herr v. Wegele vergisst vollkommen, dass ich es mit einem Menschen zu thun habe, der in Folge der aller erdrückendsten Verdachtsgründe auf die Anklagebank gesetzt worden ist, dass es im vorliegenden Falle meine Aufgabe war, die Berechtigung der Anklage zu erweisen. Ich habe Debry, wo ich nur konnte, selbst zu Worte kommen lassen, damit er sich vertheidige; was kann ich dazu, dass gerade seine eigenen Aussagen mit am schwersten gegen ihn sprechen! Ich bin gleichsam der Staatsanwalt, der ihn den Richtern zur Verurtheilung vorführt, Herr v. Wegele aber hat sich zu seinem Vertheidiger aufgeworfen, der in seinem Eifer zugleich zu meinem Ankläger wird. Als Solcher hat Herr v. Wegele nicht versäumt, eine Charakteristik Jean Debry's zu geben, welche die meinige Lügen strafen soll. Indess auch er vermag, trotz aller Schönfärberei und obgleich ihm der Biograph der Biographie universelle zum Rückhalt dient, doch nur das Bild eines Mannes zu geben, der, wenn er auch an dem Rastatter Morde keinen Antheil haben sollte, nichts weniger als Achtung und Vertrauen verdient.

Dieser selbe Herr v. Wegele, der mich wegen der Strenge, mit der ich mit einem so übel beleumdeten Manne wie Jean Debry in's Gericht gegangen bin, schier steinigen möchte, ist bekanntlich der Herausgeber der Allgemeinen Deutschen Biographie. Unter den „Deutschen", deren Gedächtniss durch dieses Werk verewigt werden soll, befindet sich auch der Oberst Barbascy, der Befehlshaber der Szekler Husaren, und zwar ausschliesslich wegen seines Antheils an dem Rastatter Gesandtenmorde. Seine Biographie bietet hier nur den Anlass zu einer Darstellung dieses Ereignisses. Was wir über Barbascy's Beziehungen zu demselben wissen, ist im Wesentlichen Folgendes. Der Oberst erhielt die erste Nachricht von dem Geschehenen, wie er versichert, durch die deutschen Gesandten in Rastatt, welche ihn um Hilfe angingen. Da so hochansehnliche Männer die That als von den Szeklern verübt meldeten, wagte er die Thatsache nicht zu bezweifeln, sondern antwortete sofort: „Auch ich fühle mich tief gebeugt durch den Schmerz, den mir die Nachricht jener schrecklichen That verursachet ... Seyen Euere Excellenzen überzeugt, dass in meinem ungeachtet durch manche mitgemachte Schlacht abgehärteten Busen dennoch ein Herz sich reget, welches über derley Gräuel Thaten sich entsetzet, und zu eben so unnatürlicher Rache, wie das Verbrechen jener Raubsüchtigen war, im höchsten Grade gereizt wird. — Ich gebe in dem Augenblick den Befehl, dass ein Offizier mit einem Commando der sich glücklich geretteten französischen Gesandtschaft bis an den Rhein Sicherheits Geleit leisten, so wie ich unverzüglich jene Verbrecher gefänglich einziehen lasse, die ich unter meinem Commando jemals gehabt zu haben Zeit meines Lebens mit innigster Wehmuth fühlen muss." — Die Gesandten wurden, wie sie im s. g. authentischen Bericht mittheilen, ordentlich aufgerichtet durch dieses ergreifende Schreiben. Sie, die an der Thäterschaft der Szekler nicht zweifelten und ihre Entrüstung über den Rittmeister Burkhard, der in Rastatt befehligte und ihnen nicht genug Theilnahme zu bezeugen schien, nicht scharf genug vorkehren können, nennen dieses Schreiben des Obersten Barbascy „eines Mannes von Herz und Ehre würdig". Trotzdem musste auch er sein Kommando niederlegen und sich dem vom Erzherzog eingesetzten Gericht stellen. Die Untersuchung ergab jedoch, wie nicht anders zu erwarten stand, seine Unschuld. Barbascy durfte daher wieder an die Spitze seines Regiments zurückkehren. Im Jahre 1801 (s. Helfert p. 242) erhielt er, wie es scheint auf eigenes Ansuchen, seinen Abschied, der ihm mit Ertheilung des Generalsrangs, also in allen Ehren, gewährt worden ist. Er hatte 33 Jahre im Dienst gestanden. Auch der Rittmeister Burkhardt ward frei gesprochen. In der Allgemeinen Deutschen Biographie heisst es aber kurz und bündig: „Die Geschichte wird aus der Gesammtheit der constatirten Thatsachen den Schluss ziehen müssen, dass der Mord (man höre!) nicht nur von dem Rittmeister Burkhardt, sondern auch von Barbascy befohlen war." Und so ist der magyarische Name des Obersten der Szekler (der, wie uns Helfert unterrichtet, sich selbst Barwaszy schrieb) in die Allgemeine deutsche Biographie aufgenommen worden, um den in Ehren ergrauten Krieger, dem das schwere, bittere Verhängniss zugestossen war, dass sich die grauenhafte Blutthat vor dem Rastatter Thor innerhalb des Kordons seiner Truppe ereignete, — als Mörder zu brandmarken und an den Pranger zu stellen!

Ich weiss sehr wohl, dass nicht Herr v. Wegele, sondern Dr. Leser der Verfasser des unverantwortlichen Artikels ist, allein derselbe erlangt seine Bedeutung erst dadurch, dass er in einem solchen Werke steht, Herr v. Wegele hat denselben als Herausgeber dieses letzteren veranlasst und gut geheissen, die Verantwortung fällt daher voll und ganz auf ihn zurück, er hat sie überdies in der Vorrede zum ersten

Bande ausdrücklich übernommen; dieselbe wiegt um so
schwerer, als damals das Werk des Herrn v. Helfert bereits
erschienen war.

Was dem Einen recht, ist dem Andern billig: Wer mit
einem Barbascy so leichtfertig umspringt, dem steht es
eigenthümlich an, für einen Jean Debry so eifrig in's Zeug
zu gehen.

Nur noch Eins — und auch ich rufe: sat prata
biberunt! Am Schlusse seiner Abhandlung werde ich von
Herrn v. Wegele zum Ueberfluss auch noch als deutscher
Chauvinist denunzirt, der lieber die Wahrheit entstellen
möchte, als einen Schandfleck wie den Rastatter Gesandtenmord in der deutschen Geschichte stehen lassen. Als Antwort darauf erlaube ich mir, die Worte zu wiederholen, mit
denen ich die Vorrede zum ersten Theil meines Werkes geschlossen habe.

„Die Objektivität hoffe ich dadurch gewahrt zu haben,
dass ich darauf ausgegangen bin, Personen und Ereignisse
vor Allem zu erklären, d. h. aus ihren Ursachen abzuleiten und so in den wissenschaftlichen Gesichtspunkt zu
rücken. Sollte ich durch die Ergebnisse meiner Forschung
nationalen Empfindungen zu nahe getreten sein, so thut es
mir von Herzen leid, es lag gewiss nicht in meiner Absicht.
Was ich suchte, war die Wirklichkeit, die genaue Kunde
von dem Geschehenen und seinen Folgen. Durch nationale
Schranken und Vorurtheile darf sich der Historiker am
wenigsten beengen lassen, gehört es doch wesentlich mit zu
seiner Aufgabe dieselben zu durchbrechen! Nur insofern er
der Erkenntniss als solcher dient, darf er auf Wissenschaftlichkeit Anspruch erheben: indem er dieselbe fördert, steht
er im Dienste nicht nur seines Volkes, sondern aller
Völker, der Menschheit."

Ich wüsste nicht, was mich mehr beschämen könnte, als

der Nachweis, dass ich auch nur in einem Satze meines Werkes gegen diese mir heiligen Grundsätze verstossen hätte, aber dieser Nachweis muss überzeugend geführt werden, mit einer blossen Insinuation und dem pathetischen Ausruf: „Die Wahrheit über Alles!" ist es nicht gethan.

Man versteht, wie Angesichts dieser Kampfweise des Herrn v. Wegele, Professor Erdmannsdörffer zwischen dessen die Sache und die Person betreffenden Ausführungen unterscheidet. Uebrigens ist es mir gelungen, Herrn Erdmannsdörffer wenigstens davon zu überzeugen, dass, wie er sich ausdrückt, mit Jean Debry so zu sagen nicht Alles in Ordnung ist. Ihm scheint es daher gerathen, dass man bei weiteren Forschungen auf den Mann jedenfalls ein wachsames Auge habe.

In Frankreich ist der zweite Theil des Buches abermals von Herrn Albert Sorel zur Anzeige gekommen. (S. Revue Critique, 23. Mai 1881.) Im Ganzen ist das Urtheil wohl günstiger ausgefallen, als über den ersten Theil. Die Methode der Besprechung bleibt jedoch die nämliche, durchaus unzureichende. Einzelne Abschnitte werden unbedingt anerkannt, andere werden mehr oder minder bemängelt. Ueber das Kapitel, das von Bonaparte's Thätigkeit und entscheidendem Einfluss auf die Politik des Direktoriums im Winter 1797, während seines Aufenthaltes in Paris, nach der Rückkehr aus Italien, bis zur Abfahrt nach Egypten, handelt, wird einfach der Stab gebrochen. „Kapitel XI. Bonaparte in Paris im Jahre 1797 treibt zum allgemeinen Kriege an und schmiedet einen grossen, machiavellistischen Plan gegen das Direktorium. Die Beweise fehlen absolut." Will Herr Sorel wirklich bestreiten, dass die Verhandlungen in Rastatt, die Eroberung des Kirchenstaates, die Invasion der Schweiz, der egyptische Feldzug, zu einem grossen Theil, letzterer sogar ausschliesslich, das Werk Bonaparte's gewesen sind? Bestreiten, dass er schon ernstlich darauf sann und alle Hebel ansetzte, um zugleich das Direktorium und die Verfassung des Jahres 1795 zu beseitigen, um das Scepter an der Seine in seine Hand zu bekommen? Das Alles will Herr Sorel bestreiten? Dafür will er von mir Beweise? Ich kann in diesem Fall nur bitten, die bezüglichen Abschnitte meines Buches noch einmal zu lesen. Auch die Umtriebe der Bonapartisten, der Lucian, Joseph, Josephine und ihrer Helfershelfer in Paris, während der Abwesenheit des Generals in Egypten, dünken Herrn Sorel lauter Hypothesen. Unter solchen Umständen kann es nicht überraschen, dass er bei der wirklichen Hypothese bezüglich des Gesandtenmordes die Hände über den Kopf zusammenschlägt. In dieser Frage hat Herr Sorel bereits 1874 eine sehr bestimmte Ansicht ausgesprochen. Damals war eben der fünfte Band von H. v. Sybel's Geschichte des Revolutionszeitalters erschienen, in welchem mit grosser Zuversicht ausgeführt wurde, dass Lehrbach, als Stellvertreter Thugut's, die berüchtigte Prügelordre gegeben habe. Herr Sorel benutzte diesen Anlass, um (in der Revue Critique vom 26. Mai 1877) über den Stand der Frage ausführlich zu referiren. Er kam dabei zu folgendem Resultate. — „Das Problem hat noch keine vollkommen wissenschaftliche Lösung gefunden. Wird die Veröffentlichung des Dokumentes, das in München liegt, wird die Entdeckung der Thugut compromittirenden Papiere, die im Jahre 1804 sekretirt worden sind, uns eine endgültige Lösung bringen? Das kann Niemand voraussagen; doch scheint mir, dass die Hypothesen, welche darauf ausgehen, Oesterreich frei zu sprechen, der Kritik nicht zu widerstehen vermögen, während dagegen die von Herrn v. Vivenot und Mendelssohn veröffentlichten, seither durch die neuesten Entdeckungen vermehrten Dokumente zu behaupten verstatten, dass die Hypothese, die seit so langer Zeit schon von den französischen Historikern angenommen ist[1]) und von Herrn v. Sybel mit ebensoviel Nachdruck als Talent verfochten wird, durch die noch ausstehenden Entdeckungen bestätigt werden wird. Schon jetzt kann man dieselbe als die allein wahrscheinliche und auf sicherer Grundlage errichtete bezeichnen." Im Jahre 1878 hat nun Herr v. Sybel das Münchener Dokument veröffentlicht. In demselben steht genau das Gegentheil von Allem, was Arnault darin gelesen haben wollte. Damit ist jene Hypothese, welche nach Herrn Sorel's Ansicht die einzige auf wissenschaftlicher Grundlage gegründete sein sollte und der er die Zukunft versprach, vollständig in sich zusammen gebrochen. Konnte Herr Sorel eine bessere Gelegenheit wahrnehmen, seinen Irrthum zu berichtigen und zu den neuesten Ergebnissen der Forschung Stellung zu nehmen, als die Besprechung meines Buches? Statt dessen begnügt er sich entrüstet auszurufen: „Was die Behauptung anbelangt, dass Bonaparte, der damals in Egypten blokirt wurde, der wahre Urheber des Rastatter Attentats sei, das ist keine Hypothese mehr, sondern eine Phantasie, die nicht einmal den Werth der Leichtigkeit hat, und die ein bis dahin ernstes Buch eigenthümlich entstellt. Herr B. erzählt, nachdem es so viele Andere vor ihm gethan haben, noch einmal die Geschichte des Gesandtenmordes; da er gar kein neues Licht beibringt, so fragt man sich, was diese Episode in seinen Buche überhaupt soll. Er schickt die sonderbare Schlussfolgerung voraus, die ich eben angab, ohne dieselbe durch etwas Anderes als durch äusserst spitzfindige Raisonnements

---

[1]) D. h. die französischen Historiker haben sich begnügt, die Darstellung Jean Debry's wiederzugeben. Das war in der That für sie zugleich das Bequemste und Angenehmste.

vorzubereiten oder zu rechtfertigen. Diese Abschweifung ist bedenklich, sie nimmt ohne Zweifel Nichts an dem Verdienst der von Herrn B. im übrigen Theil des Werkes festgesetzten Thatsachen, allein sie zwingt die Kritik, sich auf der Hut zu halten gegen Behauptungen des Herrn Böhtlingk, sobald er dieselben durch keinerlei Beweise unterstützt." Wer bringt gar kein neues Licht in die Sache? Wer beansprucht seine Behauptungen geltend zu machen, ohne irgend welchen Beweis zu erbringen? Ich weiss diese erstaunliche Expektoration des Herrn Sorel nicht milder zu deuten, als indem ich annehme, dass er die auf den Rastatter Gesandtenmord bezüglichen Seiten meines Buches gar nicht gelesen hat; dieselben haben ihn gestört, gelangweilt, verdrossen; die Schlussfolgerung widersprach zu sehr seiner seit Jahren feststehenden Meinung — und er hat die 30 Seiten überschlagen! Das vermag ich ihm nicht sonderlich zu verdenken, der Gegenstand ist in der That ein höchst unerquicklicher, — aber dann hätte er auch schweigen müssen.

Ob Herr Sorel jetzt, nachdem ich Herrn v. Wegele so ausführlich und — ich darf es getrost sagen — so gewissenhaft Rede und Antwort gestanden habe, noch immer meine Hypothese für ein blosses Hirngespinnst halten wird? Sollte dieselbe für ihn nicht wenigstens so viel Greifbares an sich haben, dass sich ein oder der andere Einwand vorbringen liesse, an den Herr v. Wegele nicht gedacht hat? Hoffentlich entschliesst sich Herr Sorel dazu, seine vernichtende Widerlegung bald zu veröffentlichen.

Durch das Verfahren der Herren v. Wegele und Sorel ermuthigt, hat es H. Hüffer verstanden, Beide an unmotivirter Schroffheit noch zu überbieten. Wie wir uns erinnern, hatte derselbe in seiner Geschichte des Rastatter Congresses zum Voraus erklärt, dass dem Verdacht gegen Jean Debry jeder Schatten einer Begründung fehle, und dass die Beschuldigung Bonaparte's einfach eine „Thorheit" sei; im eben erschienenen Aprilheft der Westdeutschen Zeitschrift für Geschichte und Kunst steht jetzt zu lesen: „Wie vollkommen ist Lehrbach gerechtfertigt worden, den man früher und bis in die letzte Zeit so gern als Hauptschuldigen hinstellte! Gerade der Spion, der ihn zu München im Gasthof zum goldenen Hirsch belauscht hatte, ist der unwiderlegliche Entlastungszeuge geworden. Nicht anders steht es mit der Königin Karoline von Neapel. Der in früher Zeit von dem französischen Direktor Gohier leichtfertig ausgesprochene Verdacht konnte allenfalls vor zehn Jahren noch einmal wiederholt werden. Seitdem aber, insbesondere durch Helfert, die damalige Lage der Königin bekannt geworden ist, seitdem wir wissen, dass sie in Palermo, abgeschlossen vom Festland, vier Monate lang nicht einmal aus Wien von ihrer kaiserlichen Tochter Nachricht erhalten konnte, ist, wie ich sicher aussprechen darf, ein so einsichtsvoller Forscher wie Dr. Georg Müller am wenigsten zu der Behauptung geneigt, die Königin habe in solcher Abgeschiedenheit Mordthaten in Rastatt angestiftet. Ebenso unbegründet, aber weil die Mittel zur Prüfung nicht fehlten, viel weniger berechtigt war (sic!) die von Böhtlingk versuchte Beschuldigung Bonaparte's. Ein ausgezeichneter französischer Forscher, Albert Sorel, hat gesagt, das sei keine Hypothese, sondern eine Phantasie: mit vollem Recht, denn auch die luftigste Hypothese muss doch immer etwas haben, worauf sie gestellt werden kann; bei dieser Beschuldigung giebt es aber nicht einmal Scheingründe, sondern nur Gegengründe. Hoffentlich wird der Urheber seine Behauptung bald nach ihrem wahren Werthe schätzen, aber man dürfte billig wünschen, dass Spiele der Phantasie sich nicht so leicht in das Gewand historischer Forschung kleideten, besonders wenn dabei unbescholtene Menschen, wie Rosenstiel — ein wohlwollender, harmloser Mann, der bei dem Ueberfall vor Schrecken beinahe den Verstand verlor — als Meuchelmörder ihrer nächsten Collegen auftreten müssen."

Radikaler, als es H. Hüffer hier thut, kann man nicht zu Werke gehen, dieser Hochmuth ist schon naiv. Herr v. Wegele hatte doch wenigstens ernstlich versucht, mich mit seinen Argumenten aus dem Sattel zu heben, H. Hüffer schwingt sich einfach zu Herrn Sorel auf's hohe Ross und ruft mit ihm um die Wette: „Das ist keine Hypothese mehr, sondern eine Phantasie! Es giebt nicht einmal Scheingründe für dieselbe, sondern nur Gegengründe! Auch die luftigste Hypothese muss doch immer Etwas haben, worauf man sie stellen kann!" — und damit basta! Ueber eine so vernichtend zu Boden geschlagene Hypothese, die gewesen ist, verlohnt es sich kein Wort mehr zu verlieren! Doch — halt! Herrn H. Hüffer, der sich vergeblich nach irgend Etwas umgeschaut hatte, worauf sich meine Combination stützen könnte, fällt nachträglich der Bericht des preussischen Gesandtschaftssekretairs über die Aussage der Frau Roberjot ein; er selbst hat, als der Erste, auf denselben aufmerksam gemacht; H. v. Helfert verdankte ihm die Mittheilung der interessanten Stelle; jedoch — bemerkt H. Hüffer jetzt in einer Note — „die Aeusserungen der wenn nicht irrsinnigen, doch durch die Schrecken des Ueberfalls aller Fassung beraubten Madame Roberjot sind von geringem Gewicht." Also nur darum beschuldigte die bejammenswerthe Frau den Jean Debry, die Verschwörung gegen ihren Mann mit geleitet zu haben, weil sie — volle sechs Wochen nach dem Ueberfall! — ihre Fassung noch nicht wieder gewonnen hatte! Wie kam sie überhaupt auf den schauerlichen Einfall, in ihrem Leidensgefährten ihren Mörder zu erkennen? Doch wohl weil sie von argen Zerwürfnissen zwischen Jean Debry und seinen Collegen wusste und weil sie an die ernstliche Verwundung desselben nicht glaubte! Wo bleibt unter solchen Umständen die rührende Erscheinung des Schwerverwundeten, nur durch ein Wunder Entkommenen, und dessen zärtliche Umarmung am Ufer des Rheins, wie sie in der „Deklaration" bezeugt werden? Herr v. Wegele, der an der Aechtheit der „Deklaration" nicht zweifelt, nimmt an, dass die Roberjot die compromittirenden Aeusserungen gar nicht gethan hat; da ist wenigstens Consequenz; Herr Hüffer glaubt zugleich an Beides: dass die Roberjot wirklich die „Deklaration" zu Protokoll gegeben und Debry beschuldigt hat! Letzteres ist jedoch — „von geringem Gewicht". Damit hat Herr Hüffer sein Gewissen beruhigt, — das Todesurtheil, das er über meine Hypothese ausgesprochen hat, bleibt in Kraft.

Dass H. Hüffer für Rosenstiel, — den „wohlwollenden, harmlosen Mann, der bei dem Ueberfall vor Schrecken beinahe den Verstand verlor" — eine Lanze bricht, ist achtungswerth. Wenn nur dessen Unbescholtenheit besser bezeugt wäre! Wie bedenklich es mit seiner Gewissenhaftigkeit und Wahrheitsliebe beschaffen war, haben wir aus dem Vergleich der Aussagen des badischen Kutschers und der ihn befreundeten Diplomaten mit seiner „Deklaration" ersehen. Ich fürchte, dass Herr Hüffer's günstige Meinung über ihn nur das Echo jener deutschen Diplomaten in Rastatt ist, denen der deutschredende Sekretair der französischen Gesandtschaft als liebenswürdiger und in jeder Beziehung brauchbarer Vermittler treffliche Dienste geleistet zu haben scheint, und die alle ein Interesse daran hatten, mit demselben möglichst „befreundet" zu sein; dazu kommt, dass H. Hüffer, meinen Verdacht kennend, bereits in seiner Geschichte des Rastatter Congresses es sich nicht hat nehmen lassen, dem von mir, wie er meint, verleumdeten Mann, ein möglichst gutes Zeugniss auszustellen.

Ich habe in obigem Citat auch den Passus betreffend die Königin Karoline von Neapel und den Herrn Dr. Georg

Müller hier mit abgedruckt, nicht nur weil mich Herr H. Hüffer in Gegensatz zu diesem „einsichtsvollen" Forscher stellt, der wegen seiner Ausführungen, wonach die Königin den Gesandtenmord angeordnet haben sollte, eher zu entschuldigen sei, als ich mit meiner Beschuldigung Bonaparte's, sondern vornehmlich daher, weil es für mich, trotz Helfert und Hüffer, keineswegs ausgemacht ist, dass die Königin Karoline von Sicilien aus damals keine Verbindung mit dem Festlande gehabt hat. Anfangs Mai 1799 ist nachweislich kein Geringerer als Manfredini, der ehemalige Minister des Grossherzogs von Toscana, von Palermo nach Triest gekommen! Dieser Manfredini hatte 1795 den Frieden Toscanas mit der französischen Republik vermittelt und hatte sich auch mit Bonaparte, während seiner italienischen Feldzüge, verständigt; er galt in Folge dessen in den Augen Thugut's für einen Erzjakobiner, der den Sieg der Franzosen wesentlich mit herbeigeführt haben sollte. Hierzu kam jetzt dessen Verständigung mit der Königin von Neapel, deren Intriguen Thugut über Alles fürchtete und die zur Zeit Himmel und Hölle in Bewegung setzte, um die Franzosen aus Italien und ihrem Königreich hinaus zu bringen. Manfredini durfte in Folge dessen in Triest gar nicht an's Land. (S. Vivenot, Thugut's vertrauliche Briefe, II, 166 und 167.) Nicht die Franzosen, sondern die Engländer, im Bunde mit den Russen und Türken, beherrschten, damals das Mittelländische Meer. Ich bin daher der Meinung, dass es der Königin Karoline an Mitteln und Wegen den Mord anzuordnen nicht gefehlt hat: sie hätte Emigranten, die sich unter die Szekler mengten, sehr wohl dazu dingen können. Wenn ich trotzdem die Hypothese, wonach sie für denselben zur Verantwortung gezogen werden sollte, zurückweise, so geschieht es aus folgenden zwei Gründen: einmal weil ihr zwar an dem Wiederausbruch des Krieges zwischen Oesterreich und Frankreich gelegen war, aber keineswegs daran, Oesterreich allen, ihn promittiren, was garnicht empfindlicher geschehen konnte, echendurch eine solche Greuelthat; und zweitens weil die Indicien, nur welche auf Bonaparte und seine Helfershelfer, auf die Franzosen selber, als auf die Urheber derselben, hinweisen, alle anderen Verdachtsmomente in den Hintergrund stellen.

H. Hüffer hebt die Abgeschiedenheit der Königin auf Sicilien offenbar mit deswegen so nachdrücklich hervor, weil er mit Herrn v. Wegele und Herrn Sorel annimmt, dass auch Bonaparte von Egypten aus mit dem europäischen Festlande keinerlei Verbindung gehabt hatte, auch für ihn ist die Entsendung Ludwig Bonaparte's und Sucy's nach Paris, sind die 60 Schiffe, trotz der Correspondance de Napoléon I. und den Ausführungen in meinem Buche, nicht vorhanden! Eben das ist es, was ihm meine Hypothese von vornherein als schier undiskutirbar erscheinen lässt.

In demselben Aprilheft der Westdeutschen Zeitschrift erklärt auch Herr Dr. Heidenheimer kurz und bündig, dass ihm meine Hypothese, „bei genauer Prüfung der vorliegenden Angaben", nicht haltbar erscheine. Gründe führt Herr Heidenheimer so wenig an, wie Herr Sorel oder Herr Hüffer. Nach einem solchen Vorgang der Koryphäen der Wissenschaft kann das nicht mehr Wunder nehmen. —

Woher in aller Welt, werden gewiss Viele fragen, diese so einmüthige, so leidenschaftliche, so entrüstete Auflehnung gegen eine Hypothese, die so Vieles für sich zu haben scheint und der die Gegner so wenig Annehmbares oder nur Bestimmtes entgegen zu stellen wissen? Meine Darstellung von Bonaparte's Emporkommen, lautet die Antwort, meine Auffassung der ganzen damaligen Weltlage, der Persönlich-

Müller
H.

…leon's, weicht von den bisher
so wesentlich ab, dass Diejenigen,
…n folgen wollen, sich erst gründ-
Wer den Abschnitt über den Ge-
…ısammenhang des Buches heraus-
…esen liest, und im Uebrigen seine
…n Werken von Schlosser, L. Häusser,
Thiers oder Lanfrey schöpft, dem
mag … … der That ebenso unhaltbar als unerlaubt erscheinen. Daher habe ich das Verfahren des Herrn
v. Wegele, der von der damaligen allgemeinen Lage der
Dinge absehen will, gleich Eingangs als ein solches bezeichnet, das eine Verständigung zum Voraus ausschliesst. Wer
den Zusammenhang des egyptischen Feldzuges Bonaparte's
mit seinem Bestreben, sich des Scepters an der Seine zu
bemächtigen, nicht erkennt, wer sich nicht zu überzeugen
vermag, dass der gefeierte Friedensstifter von Campo Formio
eben Derjenige ist, der den zweiten Coalitionskrieg inscenirt,
dass in den Augen jenes Bonaparte, der auf eine Weltherrschaft ohne Gleichen ausgeht, Europa wirklich — wie er sich
selbst ausdrückte — nur ein Maulwurfshaufen war, den er be-
liebig umwühlen konnte, um sich zunächst mit Hülfe der
Türken und Polen, der Schweizer und Italiener, der Holländer
und Spanier im Kampfe gegen Oesterreich und Russland
zum Beherrscher nicht nur Frankreichs, der damaligen
„grande nation", der Revolution, sondern zugleich Italiens
und Deutschlands, des ganzen europäischen Festlandes, aufzuschwingen, und schliesslich im Kampfe mit England um
die Weltherrschaft zu ringen — wer, sage ich, diesen
Riesenplan des Gewaltigen, den er schon 1797 fertig im
Kopfe hat und zu verwirklichen beginnt und den er nie
wieder aufgegeben hat, nicht durchschaut, der kennt weder
ihn noch seine Politik, weder seine Ziele noch seine Macht-

mittel, der kann daher auch nicht darauf verfallen, ihn wegen der Katastrophe vor den Thoren Rastatts zur Rechenschaft zu ziehen, Dem muss aber auch folgerichtig nicht nur dieser blutige Ausgang des Rastatter Congresses ein Räthsel bleiben, sondern, von einem höheren Gesichtspunkte aus, der ganze Congress als solcher, der von Bonaparte niedergesetzt und eingeleitet, nur dazu bestimmt war, den Kriegsstand so lange zu erhalten, bis Oesterreich und in seinem Gefolge das deutsche Reich zu seinen Füssen lag. Indem H. Hüffer die Politik Bonaparte's fast gänzlich ausser Acht lässt, ist sein in vieler Hinsicht so verdienstliches Buch über die Geschichte des Rastatter Congresses nur das Fragment eines Gewebes, das er in seiner Totalität gar nicht überblickt hat; er hat es unternommen, um ein bereits angewandtes Bild zu wiederholen, einen diplomatischen Feldzug im Einzelnen klar zu legen, ohne den Feldzugsplan, ohne den Feldherrn, der das Feld beherrscht, irgend zu kennen. Er richtet sich mit solchem Eifer gegen meine Hypothese, weil, wenn meine Auffassung der Dinge sich als die richtige erweisen sollte, es klar am Tage liegt, dass seinem so mühsam und geschickt aufgeführten Werke zugleich das Fundament und ein ausreichender Bauplan fehlen. Ich sage nicht, dass er mit Bewusstsein so vorgeht oder gar nur damit er Recht behalte, allein ich weiss mir die ebenso kritiklose als leidenschaftliche Auflehnung des sonst so besonnenen und gewissenhaften Forschers nicht anders zu erklären.

Bei meiner Hypothese handelt es sich überdies nicht nur um Bonaparte und sein Emporkommen, sondern, obgleich erst in zweiter Linie, auch um Jean Debry. Wie ungünstig man über Diesen auch denken mag, so hält es doch schwer, selbst einen solchen Menschen eines Verbrechens für fähig zu halten, wie dasjenige der meuchlerischen Niedermetzelung seiner Collegen — und ausschliesslich darum kann es sich beim Ueberfall gehandelt haben! — seiner Collegen, die mit ihm dazu berufen waren, den Völkerfrieden anzubahnen! Die Menschenwürde sträubt sich dagegen, Solches für möglich zu halten. Jean Debry ruft selbst in seinem Narré fidèle — was freilich nur Sinn hat, wenn er selbst am Morde betheiligt war — er hätte gewünscht, dass die Nacht, in der alle Rechte der Natur verletzt worden seien, nie ein Ende genommen hätte! Angesichts eines solchen Vergehens fordert man absolut zwingende Beweise und diese sind der Natur der Sache nach und vollends bei dem mangelhaften Material, das uns vorliegt, nicht zu erbringen. Ja, ich gebe mich in dieser Hinsicht keiner Täuschung hin, so erdrückend auch die Verdachtsmomente sind, die auf Jean Debry lasten, so bleibt es doch immer denkbar, dass er an der Mordthat nur einen äusserst entfernten, mittelbaren oder selbst gar keinen Antheil gehabt hat.

Nicht dass ich an meiner Beweisführung irgend wie irre geworden wäre, im Gegentheil! je mehr ich die Einzelheiten überdenke, desto zwingender scheint mir dieselbe. So z. B. — um nur noch dieses Eine nachzutragen — ist es möglich, dass Debry die Wunden von Denjenigen, die den Ueberfall ausführten, empfangen hat, selbst wenn er mit diesen im Einverständniss war. Gesetzt z. B. den Fall, jene sechs Emigranten in Priesterkleidung, die sich wenige Tage vor der Katastrophe in der Umgegend herumtrieben und dem Obersten Barbaszy so verdächtig erschienen, dass er bezüglich derselben Verhaltungsbefehle einholen zu müssen glaubte, wären die Thäter gewesen, diese hätten sich unter die Szekler gemengt, die Wagenreihe angehalten, Jean Debry angerufen, ihn zum Wagenschlag herausgezogen, — hätte es da nicht geschehen können, dass einige von ihnen oder von den Szeklern in der Aufregung, im Uebereifer, auf Jean Debry gleich eingehauen hätten, so dass dieser seinen Namen mehrmals laut rufen musste und erst dadurch verschont blieb, dass der Führer der Verschworenen für ihn eintrat und ihn so rettete? Das würde mit Jean Debry's Erzählung selbst, der, wie er berichtet, in dem einen Reiter seinen Retter zu erkennen wähnte, ziemlich übereinstimmen. Ich hätte also, wenn ich meine Hypothese in ihrem vollen Umfange aufrecht halte, nicht einmal nöthig anzunehmen, dass sich Jean Debry die Wunden selbst beigebracht habe — oder was Dasselbe ist — habe beibringen lassen, wie man es in Paris so vielfach glaubte.

Immerhin, trotz alledem und alledem, ist es, wie gesagt, denkbar, dass Jean Debry wirklich ernstlich mit überfallen und nur wie durch ein Wunder entkommen ist, dass noch ausstehende Aktenstücke seine Unschuld erweisen könnten. Man darf eben nicht vergessen, dass es einen, wie es scheint, wegen unzureichenden Materials, sistirten Criminalprocess der complizirtesten Art nach mehr als 80 Jahren zu erledigen gilt, was sind da nicht alles für Irrthümer möglich!

Indess wer Jean Debry's Unschuld meint erweisen zu können, der muss zuvor sein ganzes so ausserordentlich verdächtiges Benehmen, seine so compromittirenden Aussagen und Berichte, der muss die herrschende Meinung in Frankreich, die Zeugnisse der Roberjot, E. M. Arndt's u. s. w., das Verhalten Bonaparte's bei den Verhandlungen zu Lüneville, seine gegen das Direktorium gerichtete Insinuation — zu deuten wissen, der muss mit einem Worte alle die Thatsachen und Erwägungen, die mir meine Hypothese eingegeben haben, umstossen. Die Art und Weise wie meine Gegner letztere bisher bekämpft haben, die Nichtigkeit ihrer Einwände, die Unhaltbarkeit ihrer entgegengesetzten Annahmen, wenn solche überhaupt vorlagen, haben mich von der Richtigkeit meiner Vermuthungen und Combinationen von Punkt zu Punkt nur noch mehr überzeugt. Ich kann mir nicht helfen — bei dem heutigen Stande der Wissenschaft scheint mir meine Hypothese nicht nur die einzige haltbare, sondern geradezu die einzige mögliche. Was die Zukunft in ihrem Schoosse birgt, wer will es voraussagen?

Die Akten, welche noch ausstehen und von denen man sich am meisten Aufklärung versprechen muss, sind bekanntlich diejenigen der vom Erzherzog Karl eingesetzten Untersuchungscommission. — Ich hatte gehofft, dass meine Darlegung des Ereignisses an maassgebender Stelle in Wien weitere Nachforschungen veranlassen würde. Sollten die einst sekretirten Akten wirklich in keiner Abtheilung des Kaiserlichen Archivs zu finden sein? Auch das Dokument in München wagte lange Niemand hervorzusuchen; wie es scheint, aus Furcht dem befreundeten Hof an der Donau damit zu nahe zu treten; als man sich endlich ein Herz fasste und es einsah, erwies sich, dass man den Oesterreichern keinen besseren Dienst erweisen konnte, als indem man es der Oeffentlichkeit übergebe! Vielleicht wiederholt sich dieselbe Erfahrung mit den Akten der Untersuchungscommission. Dass diese Briefe enthalten könnten, die Thugut compromittirten, glaubte Cobenzl schon 1804 entschieden bezweifeln zu müssen, der seitdem bekannt gewordene vertrauliche Briefwechsel Thugut's beweist, wie sehr er dazu berechtigt war. Dieser Brief von Cobenzl, der immer nur als Beweis dafür angeführt wird, dass die Akten so compromittirend für Oesterreich gewesen sind, dass man sie wahrscheinlich damals sekretirte, bezeugt allerdings, dass Cobenzl es für rathsam erachtete, dieselben nicht für Jedermann zugänglich zu lassen, allein eben dieser Brief bezeugt auch — und das ist bisher völlig ausser Acht gelassen worden — dass der Minister Cobenzl selbst die Akten nicht kannte und also auch über den Sachverhalt kein selbständiges Urtheil besass. Die Akten jetzt noch geheim zu halten, hat gar keinen Sinn, am allerwenigsten ist damit dem österreichischen Interesse gedient, indem selbst wenn dieselben den Beweis erbringen sollten, dass es wirklich Szekler waren, welche die Ermordeten niedersäbelten, damit nicht mehr erwiesen wäre, als ohnedies durch die blosse Sekretirung der Papiere bei nur zu Vielen für ausgemacht gilt. Hat doch selbst der Freiherr v. Vivenot, trotz des angezogenen Schreibens Thugut's vom 24. Mai 1799, das er selbst veröffentlicht, diese Schlussfolgerung gezogen! Das Bekanntwerden der so schmerzlich vermissten Akten würde jedenfalls das sicherste Mittel sein, den schier endlosen Diskussionen über das unselige Ereigniss ein Ende zu bereiten.

Um auf meine Hypothese zurückzukommen. Sollten weitere Veröffentlichungen, meinen Erwartungen entgegen, wirklich einmal ergeben, dass J. Debry den Ueberfall nicht mit veranlasst und geleitet hat, so würde die Beschuldigung von Bonaparte und dessen Helfershelfern dadurch noch keineswegs hinfällig werden. Jene Instruktion Talleyrand's, welche den Gesandten in Rastatt anbefahl, auszuharren, bis sie durch militairische Gewalt ausgewiesen würden, kann sehr wohl durch Bonaparte veranlasst und die Mörder können gedungen worden sein, ohne dass J. Debry in's Vertrauen gezogen wurde. Sollte endlich auch diese Annahme einmal widerlegt werden, so bleibt doch immer die Thatsache bestehen, dass die Berichte J. Debry's und der übrigen Mitglieder der Gesandtschaft Nichts weniger als der Wahrheit entsprechen, und dass man in weiten, maassgebenden Kreisen, namentlich in Paris selber, nur zu guten Grund hatte, anzunehmen, dass nicht die Oesterreicher, sondern die Franzosen selbst die Mörder gewesen wären. Die Folge davon war, dass der Eindruck des Ereignisses in Frankreich in keiner Weise den Erwartungen Derer entsprach, welche die pomphafte Trauerfeierlichkeit u. s. w. inszenirten, und dass eine Genugthuung niemals gefordert worden ist. Diese für die Geschichte der in Frage stehenden Zeit und namentlich der Rastatter Katastrophe so wichtigen Thatsachen aber sind bisher, nicht nur von den französischen, sondern auch von den namhaftesten deutschen Geschichtsschreibern, vollständig unberücksichtigt geblieben.

Ich brauche mich über das weitere Schicksal meiner Hypothese um so weniger zu beunruhigen, als selbst wenn dieselbe sich auf die Dauer nicht stichhaltig erweisen sollte, dadurch meine Auffassungsweise und Darstellung von Bonaparte und seinem Emporkommen, der eigentliche Inhalt meines Werkes, nicht im Mindesten erschüttert werden würde. Ich habe nicht etwa aus der Rastatter Katastrophe auf seine Politik zur Zeit des egyptischen Feldzuges geschlossen, sondern umgekehrt: aus dieser seiner Politik auf die Urheber der Rastatter Katastrophe. Bonaparte kann an dem Gesandtenmorde unbetheiligt sein, jedenfalls lag derselbe ganz in seiner Interessensphäre. Diese Erkenntniss hat zur Voraussetzung und bedingt zugleich die richtige Auffassung der gesammten damaligen Weltlage: an diesem Beispiele lässt sich, wie ich meine, dieselbe trefflich klarlegen und prüfen. Eben deswegen habe ich es nicht gescheut, mich noch einmal in eine so weitläufige Auseinandersetzung über den sonst so unerquicklichen Gegenstand einzulassen, der für sich allein betrachtet niemals vermocht hätte, mir ein anhaltenderes Interesse einzugeben und noch viel weniger die Aufmerksamkeit, um nicht zu sagen die Geduld meiner Leser in solchem Maasse in Anspruch zu nehmen.

Indem meine Herren Kritiker vornehmlich diesen Rastatter Gesandtenmord aus meiner Darstellung herausgriffen, haben sie ihre Angriffe gegen die schwierigste und gefährlichste Position gerichtet, die ich überhaupt in meinem Buche eingenommen habe. Auf so unsicherem Boden und Angesichts der so festgewurzelten Voreingenommenheiten sowie der Autorität meiner Gegner, war die Vertheidigung keine leichte Sache. Ich habe dieselbe mit scharfen aber redlichen Waffen geführt. Hätte ich mich mit anderen, weniger scharfen, und vor allem weniger verletzenden, wehren dürfen, Niemand wäre froher gewesen, als ich. Allein die Kampfweise lag leider nicht in meiner Wahl: dieselbe ist mir von meinen Angreifern aufgenöthigt worden; die giftigsten Pfeile sind diejenigen gewesen, die ich ihnen zurückschleuderte.

Sollte es mir auch nicht geglückt sein, meine Gegner von der Richtigkeit der von ihnen bestrittenen Resultate meiner Forschung zu überführen, so werden doch auch die leidenschaftlichsten unter ihnen, wie ich mir schmeichle, einräumen müssen, dass ich mit wissenschaftlichem Ernst darum bemüht gewesen bin, die Wahrheit zu ergründen, dass es mir um diese und um diese allein zu thun gewesen ist. Ich nehme an, dass ihr Ziel kein anderes ist, und so zweifle ich nicht, dass früher oder später eine Verständigung zwischen uns erfolgen wird, nicht nur in Bezug auf den Rastatter Gesandtenmord, sondern, worauf weit mehr ankommt, in Bezug auf Bonaparte und sein Emporkommen überhaupt.

Jena, 3. Mai 1883.

www.ingramcontent.com/pod-product-compliance
Lightning Source LLC
Chambersburg PA
CBHW020259090426
42735CB00009B/1150